D1699230

Una mujer sin país
Las cartas a Edward Weston y otros papeles personales

Una mujer sin país

*Las cartas
a Edward Weston
y otros
papeles
personales*

Tina Modotti
*Edición (traducción,
notas, introducción)
de* Antonio Saborit

cal y arena

Primera edición: Cal y arena, 1992
Segunda edición, corregida y aumentada: Cal y arena, 2001

Portada: Ottis Oldfield, *Figure*, 1933

© 2001, Antonio Saborit
© 2001, Aguilar, León y Cal Editores, S. A. de C.V.
Mazatlán 119, Col. Condesa, Delegación Cuauhtémoc
México 06140, D. F.

ISBN: 968-493-229-4

Reservados todos los derechos. El contenido de este libro no podrá ser reproduci-
do total ni parcialmente, ni almacenarse en sistemas de reproducción, ni
transmitirse por medio alguno sin el permiso previo, por escrito, de los editores.

IMPRESO EN MÉXICO

Índice

La calle desierta

La parte medular de este libro proviene del número de enero de 1986 de la revista *The Archive*, órgano de difusión del Centro de Fotografía Creativa de la Universidad de Arizona, que me hizo llegar Eleazar López, director de la Fototeca del Instituto Nacional de Antropología e Historia. Amy Stark, archivista del Centro en Arizona, transcribió, anotó y comentó las cartas de Tina Modotti a Edward Weston para *The Archive*, por lo cual este libro tiene una gran deuda con su trabajo. La dedicación y el cuidado de esta historiadora no sólo permitieron conocer el paquete entero de tan singular correspondencia, muy bien acomodada hasta entonces entre los papeles personales de Weston. La eficacia de la tarea editorial de Amy Stark es punto de partida para otros trabajos.

Tina Modotti es parte de la historia de la fotografía, al menos por su relación con el enorme artista que fue Edward Weston. En modo alguno se pretende reemplazar con este argumento su vida como fotógrafa. Pero circunstancias y fechas tan precisas como el dato de Weston y su estancia en México en la década de los veinte delimitan el ejercicio artístico de Tina Modotti. Por lo que estas cartas son de vital importancia para asomarse a algunos de los afanes de esos días. Y sobre todo, a los de la propia Tina Modotti. Estas cartas cuentan la historia de una amistad, pero únicamente lo que Edward Weston quiso salvar de esta amistad. Igual que su diario, el cual él mismo expurgó antes de encargarle a su amiga Christel Gang la tarea de pasarlo a máquina para tirar el original, Weston se deshizo de casi todas las cartas de Tina Modotti y archivó su selección. Este breve cuerpo documental es de algún modo la historia de ambos y lo que sobrevivió de ella.

Tina Modotti, según los indicios, fue corresponsal abundosa de Weston a lo largo de la década de los veinte; y hoy las treinta y tantas cartas que se conservan ofrecen un conjunto de imágenes únicas. La primera de ellas es la de una mujer momentáneamente sola y entregada al hombre a quien le escribe. Se trata de una mujer sensible a las señales de la desesperanza, atenta a la voz de la memoria, herida en su vitalidad. Otra de las imágenes es la de la alumna fiel y estricta. Tina Modotti vivió en México de la fotografía, el oficio que aprendió de y en compañía de Weston, como la única mujer en el ramo. Sus competidores hacían un trabajo distinto al que a ella le interesaba realizar. Edward Weston, el maestro, fue entonces uno de sus pocos interlocutores: los pintores mexicanos del día le enseñaron a observar las cosas; él, en cambio, le dijo cómo fijarlas en un pedazo de papel bajo cierta manera estética. Ahí también aparece la imagen de una mujer comprometida en los trabajos de los comunistas mexicanos al acabar los años veinte. Las cartas finales, en el tránsito hacia Europa o ya en Europa, dibujan un cierre tremendo a la luz del lirismo no menos elocuente en los mensajes que Tina Modotti le escribió a Weston al principio de la década. Pero la riqueza del paquete es limitada. Las cartas de Tina Modotti a Weston no contienen muchas piezas importantes de su agenda mexicana, de entrada: su arribo al país en las ilustraciones del libro *Sátiros y amores*, al comienzo de los veinte; la muerte de su marido; el posterior ingreso al territorio nacional vía Los Angeles-Mazatlán-Manzanillo, en el S. S. Colima, del brazo de Weston; la experiencia de la capital de un país revolucionado. Las cartas dicen poco sobre Tina Modotti entre los escritores y artistas de la época. Los amigos, compañeros de trabajo y a veces hasta los menos afectos a su persona documentaron los privilegios de su presencia. Las cartas son aún más parcas en lo que toca al rompimiento con Weston y el modo en el que ella se adaptó al ritmo de la inmensa ciudad nueva, en gran medida aleve, irascible.

Hay que tener presente la criba del amante vanidoso ante estos huecos. Nada más difícil que conjeturar lo que ella le contaba a Weston en los papeles perdidos.

Comencé a traducir estas cartas a mediados de 1987 en la Dirección de Estudios Históricos del INAH, cuando debía más bien trabajar en el proyecto de «Historia crítica de la literatura mexicana». Junto con las cartas traduje también las notas de Amy Stark hasta poner el punto final a la segunda versión de este material al principio de 1988.

En mis planes seguía escribir un ensayo biográfico, «esa hermosa forma literaria que exige brevedad, lucidez, detalles selectos y, sobre todo, un ligero toque de ironía», según la definición de Leon Edel. Pero la verdad es que aplacé el ensayo-prólogo hasta no darle una vuelta más a toda la traducción, pues me parecía que sólo así regresaría *de verdad* a un material que por algo se quedó sobre el escritorio hasta finales de 1989.

Arturo Acuña leyó la traducción, sugirió cambios y además me prestó algunos libros que resultaron indispensables, como su ejemplar de la segunda edición, corregida y aumentada, del libro de Mildred Constantine, *Tina Modotti. A Fragile Life* (Rizzoli, 1983), entonces inconseguible. Poco después, el fotógrafo Ava Vargas me mostró tres retratos originales de Tina Modotti: el del poeta colombiano Jorge Zalamea y los de dos mujeres que fue imposible identificar. Por él supe que Sotheby's, al final de 1989, no pudo sacar en esa subasta más que uno de los retratos que le hizo Weston a Tina Modotti y más adelante, a partir de una nota en la revista *Vanity Fair*, imaginé que Madonna era una de las pocas personas en el mundo que con gusto habría pagado los doce mil dólares de salida que se pedían por esa foto. Ya estaba metido en la última versión de este trabajo y vi al fin el libro que me gustaría armar con las cartas de Tina Modotti a Edward Weston. En cuántos y en qué tipo de apartados debían presentarse esos papeles, primero. Más adelante: que el libro incluyera en un apéndice otras cartas de Tina Modotti fechadas entre 1921 y 1931, los años que duró su correspondencia con Weston. Por último, dejar las notas más útiles de Amy Stark —la mayoría, en honor a la verdad—, para añadir por mi cuenta las que pude y creí necesarias. Tres de mis compañeros en el Seminario de Historia de la Cultura Nacional, Jacinto Barrera Bassols, José Emilio Pacheco e Isabel Quiñónez, ayudaron en muchas formas en una tarea que sin parecer muy sencilla resultó bastante ardua, lo mismo que Esther Acevedo, Xavier Guzmán Urbiola, Ma. Esther Jasso, David Luna, Rebeca Monroy Nasr, Dolores Plá, Salvador Rueda Smithers, Concepción Ruiz Funes y Eloísa Uribe. La escritora Margaret Hooks me hizo retomar la versión de la muerte de Julio Antonio Mella, según la cual Vittorio Vidali lo asesinó por haber cometido un pecado que entonces se conocía en las filas comunistas como oposicionismo. Vi a Elena Poniatowska una vez que ya había empezado a trabajar en el ensayo biográfico e intercambiamos puntos de vista e intuiciones sobre la vida de Tina Modotti. Ella me prestó una copia en video de *The Tiger's Coat*, así como varios libros y recortes de periódico para completar el respaldo documental de este libro. A lo anterior agregó uno de los borradores de su novela sobre Tina Modotti. Los afanes de Victoria San Vicente, en el Archivo General de la Nación, no fueron suficientes para documentar la versión de la muerte de Mella por sus propios compañeros de partido —aunque sí me permitieron dar con dos cartas que escribió Tina Modotti desde la cárcel en febrero de 1930, poco antes de su deportación, e intuir la existencia de algún expediente con información confidencial, quién sabe qué tan precisa, sobre las actividades políticas de la Modotti y sus contemporáneos. La inaccesibilidad de tales datos argumenta la pertinencia de la sola inquisición.

Quiero incluir en estas líneas el nombre de un amigo a quien le quedé a deber algo más que el estímulo de su confianza y entusiasmo: Alfredo Portilla Livingston (1948-1988). Él es parte de la memoria emotiva de este trabajo. En esa misma memoria está el gusto de una cena que propició el loco amor de José Joaquín Blanco y en la que Tina Modotti fue el pretexto para conocer a Lola Álvarez Bravo, amiga y más que nada contemporánea de la fotógrafa italiana. En la mesa de amigos Lola nos hizo el retrato de su Tina, en medio de anécdotas alegres y sentidas. Esa noche de julio de 1979 Lola Álvarez Bravo vestía de gris con un prendedor de plata. Fumamos hasta las tres de la mañana. Ojalá quedara algo de ella en el retrato que ofrecen las siguientes páginas.

En alguna parte quise explicar por qué creo que muchos escritos sobre Tina Modotti han hecho de ella una calle desierta. La vida de Tina Modotti la conocemos mejor por el reflejo de sus compañeros, que por lo que ella misma hizo y dijo, en principio porque ellos produjeron abundante documentación que le atañe —Weston más que nadie. No sé cuántos de quienes han escrito sobre esta mujer se hayan detenido en este asunto. El caso me recuerda una línea de Fernando Pessoa: «Una calle desierta no es una calle por la que no pasa nadie, sino una calle donde los que pasan, pasan por ella como si estuviese desierta». El sentido original del apéndice fue allanar el camino a los futuros investigadores. Confío en que el libro ayude a reunir la correspondencia dispersa —y en no pocos casos perdida— de Tina Modotti.

Algunos fragmentos del prólogo se publicaron bajo distinta forma en *Diva* (abril 1987) y en el suplemento de libros del diario *El Nacional*, «Lectura» (13 de octubre de 1990), las dos veces debido a la querida insistencia de Alberto Román.

A. S.
Septiembre, 1991.

El desfile del amor

De la noche a la mañana, el nombre y la obra de Tina Modotti —pero más que nada la respuesta al carisma de su tenue presencia en decenas de personas no más tenues que la fotógrafa aunque tal vez sí menos carismáticas— invadieron el paisaje. Pero en realidad el asunto tomó su tiempo. Véase, por ejemplo, la respuesta de Bertram Wolfe al editor ejecutivo de la New York Graphic Society, Donald D. Ackland, quien a mediados de 1975 le propuso escribir la que habría sido sin duda la primera biografía de Tina Modotti:

> Gracias por su carta en la que me insta a escribir una biografía de Tina Modotti y en la que se ofrece a visitarme cuando venga a California.
>
> Si viene sólo con ese fin, yo le diría «No venga». Tengo buena información para escribir ese libro en tanto que conocí personalmente a Tina Modotti, Edward Weston, Enea Sormenti, Diego Rivera, Julio Antonio Mella, y otras personas cercanas a ella, y sé cómo pasó de modelo a fotógrafa por méritos propios. Pero por desgracia, el asunto no se sabe o a nadie le importa. La sola falta de tiempo me hace resistir su tentadora proposición.

En ese momento, a punto de cumplir ochenta años, Wolfe trabajaba en el manuscrito de sus «memorias políticas, sociales e intelectuales», *A Life in Two Centuries*. Al concluirlas, no antes, decidiría si debía echarse a cuestas otro trabajo ambicioso, como el que pensaba escribir sobre V. I. Lenin y su influencia en la historia de nuestro tiempo, o bien un trabajo más sencillo, como el de Tina Modotti. En efecto, la memoria de Wolfe estaba en muy buen estado y además contaba con su rico archivo personal para narrar la vida y tiempos de una joven estudiante de fotografía que un buen día, al principio de la década de los veinte, salió del 2296 de la calle Filbert en San Francisco para nunca volver. Una lástima, creo, el que Wolfe rechazara la invitación; entre otras cosas porque sin duda la experiencia del avezado biógrafo de Diego Rivera habría trazado algunos episodios de interés y ayudado a despejar ciertos misterios cuyo hermetismo es fuerte imán de conjeturas. Por ejemplo, Tina Modotti, Julio Antonio Mella y el Partido Comunista Mexicano.

El caso es que a partir de 1992, un solemne y a veces alegre desfile recorrió la misma calle desierta con la que me empecé a familiarizar en 1978, al trabajar en el guión para una película escolar destinada a cubrir alguno de los créditos de Jorge Acevedo y de quien esto escribe para el Centro Universitario de Estudios Cinematográficos; guión inconcluso, como la misma película, entre cuyos saldos quedó mi crónica sobre esta fotógrafa y el asesinato de Julio Antonio Mella en enero de 1929, en la segunda calle de Abraham González en la Ciudad de México.

Quizás el pretexto para sumarse al desfile fuera en un principio el cincuenta aniversario luctuoso de Tina Modotti, en 1992, como así lo declararon dos exposiciones organizadas en Italia: *Perche non muore il fuoco*, en manos de Ricardo Toffoletti, y *Gli anni luminosi*, en las de Valentina Agostinis. Pero tal vez no hicieron falta los pretextos en donde sí confluían los más diversos intereses. Los de Elena Poniatowska y Pino Cacuci, en *Tinísima* y *Fuego, sombra y silencio* —novelar una vida impregnada de historia, asomándose a las distintas estaciones de su devenir—. El mío declarado: ofrecer una versión desde este lado del Bravo y distinta a la que ensayó desde el otro Amy Stark en la revista *The Archive* de la Universidad de Arizona, en su número de 1986. Además, en el año del cincuentenario salió la edición mexicana del libro de Christianne Barckhausen-Canale, *Verdad y mentira de Tina Modotti*. El desfile fue noticia, digamos, en buena medida porque la prensa hizo que el asunto no pasara inadvertido. Y el desfile siguió. La Universidad de Udine organizó un congreso internacional en marzo de 1993, *Tina Modotti: Una vita nella storia*, y unos meses después apareció en Inglaterra la biografía preparada por Margaret Hooks, *Tina Modotti. Photographer and Revolutionary*; ese mismo año se reeditó el libro de Mildred Constantine, *Tina Modotti. A Fragile Life*, la Photographer's Gallery en Londres puso en exhibición los platinos que Ava Vargas preparó en edición limitada, *Tina Modotti: A Portfolio*, y la casa Hacker Art Books sacó de la bodega los saldos de la edición facsimilar que en 1985 puso a circular sin mucho éxito del *Orozco* de Alma Reed y Delphic Studios, impreso originalmente en 1928, ilustrado con las fotos de José María Lupercio, Edward Weston y Tina Modotti. En el otoño de 1993, el cineasta alemán Eduard Schriber preparaba una película experimental sobre los días de la fotógrafa en Moscú. En 1994 apareció la versión de Valentina Agostinis y Lilia Ambrosi a las cartas de Tina Modotti a Weston, *Tina Modotti, vita, arte e rivoluzione. Lettere a Edward Weston 1922-1931*; en ese mismo año Blanca Garduño y José Antonio Rodríguez realizaron un trabajo excepcional de investigación que redundó en el catálogo de la exposición que albergó el Centro de la Imagen en la Ciudad de México: *Edward Weston: La mirada de la ruptura*. Por su parte, Sarah Lowe dio a conocer en el Museo de Arte de Filadelfia una muestra de 120 imágenes y el catálogo *Tina Modotti: Photographs*. En los primeros meses de 1995, Fernando Macotela y Alessandra Bonani montaron otra exposición en el Instituto Ítalo-Latinoamericano en Roma. En 1996, año del centenario del nacimiento de Modotti, Gianfranco Ellero publicó *Tina Modotti. In carinzia e in Friuli*; el 16 de agosto la galería Andrés Siegel / Arté develó en la azotea de su local en la Ciudad de México un foto-mural con uno de los desnudos de Weston, y en noviembre de ese año, en la Universidad de California, en San Diego, se reunió un grupo de estudiosos para discutir la vida y obra de la fotógrafa y ahí mismo se montó la muestra *Dear Vocio. Photographs by Tina Modotti*, con materiales recuperados por Patricia Albers de un baúl que perteneció a Roubaix de l'Abrie Richéy. Luz del Amo, como directora del Instituto de México en España, organizó una exposición itinerante de 26 fotografías que a lo largo de 1997 se detuvo en la Libreria Fotogaleria Railowsky (València), en A. C. Ongarri, Elgoibar (Guipúzcoa), en Mestizo A. C. (Murcia), en la Biblioteca de la Universidad de Amberes (Bélgica), en el Espai Fotografic Can Basté y el Museu Monjo Vilassar de Mar (Barcelona), y en la propia sede madrileña del Instituto. Barckhausen-Canale vio salir de la imprenta en 1998 un segundo título sobre lo mismo: *Tina Modotti*, impreso en Navarra. Más adelante, entre noviembre de 1998 y marzo de 1999, la Fundación Pedro Barrié de la Maza, en colaboración con la George Eastman House, pasearon por A Coruña y Madrid la muestra *Modotti y Weston: Mexicanidad*, organizada por Therese Mulligan. La misma selección, aunque con distinto título, se exhibió en octubre de 2000 en el Grinnell College de Iowa. Albers entregó una nueva biografía en 1999: *Shadows, Fire, Snow. The Life of Tina Modotti*, salpicada de documentación hasta entonces desconocida; Tatiana Ameshina y Serguei Balan montaron una muestra en la sala Malyi Manezh en Moscú, entre el 5 y el 15 de julio, titulada *Novy Vzgliad. 1929. Fotografii Tini Modotti*; Margaret Hooks prologó un *Tina Modotti* en la colección Aperture Masters of Photography (Könemann / Aperture Foundation), y por la misma época, Maline Barth mostró otro recorrido en la galería Throckmorton Fine Art de Nueva York: *Tina Modotti & Edward Weston. Mexican Years*, mientras que la Pontificia Universidad Católica de Chile y la Embajada de México montaban *Una nueva mirada: 100 años de Tina Modotti*, la primera muestra en la tierra del poeta que escribió su epitafio, Pablo Neruda. Entre marzo y mayo de 2000,

19

las imágenes de Tina Modotti llegaron al Museo Eduardo Sívori en Buenos Aires. En Arles, Francia, Albers y Sam Stourdzé organizaron otra muestra —de la cual quedó constancia en un pequeño volumen editado por Jean-Michel Place—, mientras que en Milán, ya en noviembre, se le dedicó la segunda edición de Bianco e Nero. Más y mejor ha de venir, podemos estar seguros, proveniente de la historia social así como de la historia de la fotografía.

Aun así, es difícil imaginar que a finales de la década de los setenta, Peter Wollen y Laura Mulvery preparaban una exposición que resultó en muchos sentidos nodal: *Frida Kahlo / Tina Modotti*, la cual pasó por Whitechapel Art Gallery de Londres, Hausamwaldsee en Berlín, las Kunstverein de Hamburgo y Hannover, Kulturhuset en Estocolmo, Grey Art Gallery en Nueva York, hasta llegar en el verano de 1983 al Museo Nacional de Arte en la Ciudad de México —en donde la gente de casa supo enriquecer notablemente tan rara propuesta, con obras, comentarios y críticas.

Todo lo anterior —más otras investigaciones en cierto modo paralelas— sacó a la luz algunas piezas de interés para completar esta edición corregida y aumentada de *Una mujer sin país*, que así se va de sabático. Por ejemplo, Raquel Tibol y José Antonio Rodríguez dieron con unas cuantas cartas más de Modotti en sus estudios sobre Lola y Manuel Álvarez Bravo, respectivamente, aquí incorporadas. Susannah Glusker, al concluir su biografía sobre Anita Brenner, muy gentilmente me proporcionó las cartas de Tina Modotti en el archivo de la autora de *Ídolos detrás de los altares*; y Olivier Debroise, mientras rastreaba lo que quedó de la aventura mexicana de S. M. Eisenstein, dio con varios materiales que puso generosamente a mi disposición. No poco salió de las pesquisas de mis compañeros y amigos Rina Ortiz Peralta y Enrique Arriola Woog en los acervos del Centro Ruso de Conservación y Estudio de los Documentos de Historia Contemporánea, en Moscú, sobre todo algunos datos relacionados con las actividades de Mella, y su ayuda fue esencial para que yo mismo accediera a ese laberinto y pudiera consultarlo para mejorar la oferta de este libro. Otras piezas relevantes para este relato salieron del Fondo Bertram D. Wolfe, depositado en la Hoover Institution on War, Revolution and Peace, sita en la Universidad de Stanford, así como del archivo del diario *San Francisco Chronicle*, por lo que agradezco las atenciones de Elena Danielson y Stephen Schwartz, así como la hospitalidad de Elvira y Francisco Cuadros. Además, revisé y corregí nuevamente la traducción de estas cartas y amplié las notas que las acompañan, de suerte que el material terminó imponiendo un nuevo orden —respecto a la versión anterior—, al grado incluso de desaparecer el apéndice. Léase el material en letra menuda de este libro como mejor se prefiera: los pequeños numerales remiten al curioso lector a una zona en la que dejé algunos avisos que según yo en unos casos ayudan a reconstruir el curso de la investigación, y en otros a fijar lo escrito y comentado por Tina Modotti en un marco de referencias culturales y temporales, así como a identificar ciertos personajes y escenas. Ojalá que así sea.

Agradezco, por último, las minuciosas sugerencias y

comentarios de Patricia Díez Cayeros, Anna Ribera Carbó y Aurora Tejeda, y de nuevo, las observaciones de Alberto Román y Rafael Pérez Gay.

A. S.
Diciembre de 2000.

Una mujer sin país

Este paquete de cartas es inseparable de la vida de Tina Modotti. Ellas esbozan la historia de su sensibilidad. Le devuelven a su persona la merma de los rumores y la leyenda, y son pretexto para un apunte biográfico que podría empezar en las diecinueve ilustraciones que sobreviven al artista norteamericano-canadiense Roubaix de l'Abrie Richéy en el libro de poemas de Ricardo Gómez Robelo, *Sátiros y amores*, impreso en Los Angeles, California, en 1920.[1]

De este pintor Richéy se sabe muy poco. Murió en la Ciudad de México el 9 de febrero de 1922, dos meses después de su llegada de Estados Unidos con una invitación del Departamento de Bellas Artes. También se conoce que todos le decían *Robó* en su estudio de Los Angeles, estudio que compartía con el fotógrafo Edward Weston, centro de reunión de cierta comunidad artística con aires de vanguardia, adonde más de una vez cayó Gómez Robelo. La esposa de Richéy,

[1] El pie de imprenta de *Sátiros y amores* dice: «Linotipografía de *El Heraldo de México* / Los Angeles, California. / 1920». Serge I. Zaïtzeff no localizó este libro para incluirlo en el volumen que él editó con los escritos de Ricardo Gómez Robelo y Carlos Díaz Dufoo, Jr., *Obras*. Fernando Tola de Habich tuvo mejor suerte y en 1984 hizo una edición facsimilar de *Sátiros y amores*.

una italiana en sus veintes, Tina Modotti, editó a su muerte *The Book of Robo* con algo de su obra gráfica y literaria. Este libro es más raro que *Sátiros y amores*.[2] Así que de sus trabajos sólo se conocen las diecinueve ilustraciones para los sonetos de Gómez Robelo: un conjunto de imágenes más bien impersonales pero que a la vez documentan un flanco de su vida privada. Impersonales, pues son parodia de la variante tóxica de la mujer fatal que se ve en la pintura y el dibujo de Dante Gabriel Rossetti y Aubrey Beardsley. Bellezas estériles y suaves, implacables y lánguidas, inertes y fatídicas, esculturales y depravadas. Pero en las ilustraciones de *Sátiros y amores* hay una solución íntima, quizás hasta lúdica, porque simple e indudablemente algunas representan a la mujer del pintor.

Robó no vivió para verlo, pero sus dibujos abrieron un ciclo y cerraron otro. El que acabó es el de la mujer-veneno en las letras mexicanas. La emoliente Salamandra de los Edificios Condesa. El que abrieron, evita los libros aunque proviene de ellos, y ofrece el inicio de un ciclo que entrega a Tina Modotti como mujer fatal. Y quien así la entregó fue precisamente su amigo el poeta Gómez Robelo.

[2] El título exacto es: *The Book of Robo. Being a Collection of Verses and Prose Writings by Roubaix de l'Abrie Richéy*, 1923; el cual incluye un apunte biográfico de Tina Modotti Richéy y la introducción de John Cowper Powys. La portada del libro aparece en Christiane Barckhausen, *Verdad y leyenda de Tina Modotti*, Casa de las Américas, Cuba, 1989. La rareza de este libro tiene que ver con que al mismo Robó le conocían pocos; editarlo, de hecho, fue un deber que se impuso Tina Modotti —lo mismo que la muestra de los batiks de Robó en el MacDowell Club of Allied Arts, inaugurada el 15 de mayo de 1922.

Él era doce años mayor que Tina Modotti y «estuvo desorbitado» por ella, según lo que decía su amigo de juventud, José Vasconcelos. «Ante el retrato sin velos de su amiga, vertía Rodión lágrimas de ternura sensual. Lentamente la pasión malsana le adelgazaba el cuerpo, le narcotizaba la voluntad. Y los celos le producían fiebre», escribió en *El desastre*.[3]

Gómez Robelo fue uno de los escritores malogrados de los primeros años del siglo. Ellos «nos dejaron breve producción pero de sorprendente calidad», escribió Julio Torri, y sus «cortas y atormentadas existencias tienen el matiz de la rareza» de los poetas malditos de Francia.[4] Junto a Bernardo Couto Castillo, Jesús T. Acevedo y Carlos Díaz Dufoo hijo por la referida brevedad, Gómez Robelo se distingue debido al yugo de una anécdota que completa su perfil bohemio. Lector frecuente y admirado de Dostoievski, el aún estudiante de Jurisprudencia se arrodilló frente a una puta una noche de humo y música, iniciada por alguno de los pasajes que daban a la vida secreta del porfiriato. Antes de morderle las nalgas, besó los pies de la mujer y gritó, como el pobre Rodión Romanovitch Raskolnikoff, con énfasis que no invalidaron ni los tragos ni la hora: —¡No te beso a ti sino a todo el sufrimiento humano!—. Desde esa vez se llamó Rodión.[5]

---

[3] José Vasconcelos retrató en la década de los treinta a la Tina Modotti que él conoció en los veinte. La llama la Perloti en su libro *El desastre*, pp. 64-65.
[4] Julio Torri, «Carlos Díaz Dufoo, hijo», *Tres libros*, p. 158.
[5] Nemesio García Naranjo, *Memorias: Dos bohemios en París*, t. IV, p. 442.

Fue una figura literaria menor. El tiempo, con apodo semejante, cuidó de su vida. Vivió entre los amigos que le dieron cuerpo al Ateneo de la Juventud.[6]

¿Qué fue ese Ateneo? ¿Qué lazo hay entre tal reunión de jóvenes humanistas y Tina Modotti? La primera respuesta atañe a la definición de un temperamento al que caracterizó, sobre todo, la falta de carácter: un grupo de letrados que quiso cambios y apostó fuerte a la restauración. Que creyó saber lo que hacía, lo que iba a hallar, y que unió a estas certezas la común refinada avidez de quien busca provecho y momento. La política los metió a una tertulia distinta a la de las letras, revolviéndoles la mesa y la cabeza en lo que sabemos ya que fue el crepúsculo de un régimen y una persona, Porfirio Díaz. Luego entró en escena su majestad la Revolución. Unos decidieron ligar su suerte a la de alguna

[6] Así, vemos a Gómez Robelo adscrito afectiva e intelectualmente a la *Revista Moderna*, pero desde un asiento en la segunda o tercera fila como la mayor parte de la juventud artística de principios de siglo, y participar en la primera empresa cultural que iniciaron él y los suyos, la revista literaria *Savia Moderna*, en marzo de 1906. Fue orador en la Alameda durante el mitin en defensa de Manuel Gutiérrez Nájera y contra un viejo tundemáquinas que a principios de 1907 pretendió recircular la legendaria revista del Duque Job. Ese mismo año lo vemos también en el proyecto que para algunos definió al futuro Ateneo: las conferencias sobre Grecia. El solo propósito de realizarlas, pues no se hicieron, bastó para integrar el núcleo del Ateneo con Jesús T. Acevedo, Antonio Caso, Alfonso Cravioto, Pedro Henríquez Ureña, Rafael López, Alfonso Reyes y Gómez Robelo. El año de 1907 señaló la salida de su primer libro de poemas, *En el camino*, y el de 1908 su participación en el homenaje a Gabino Barreda. Este evento señaló en la historia mítica de su generación, el principio de la crítica al positivismo por parte de los jóvenes ateneístas.

de las facciones en conflicto por lo que encallaron en las filas golpistas del huertismo o en las legales del carrancismo. Otros prefirieron apartarse a una suerte de exilio interior.[7] En cuanto a la otra pregunta, una muchacha es una muchacha y Tina Modotti no vino a México a ocupar su lugar en la escena prevista. Era italiana del norte, precisamente de la ciudad de Udine, y llegó a México proveniente de Estados Unidos por el tiempo en que las fronteras veían el lento regreso a casa de los ateneístas que conocieron la obligación del destierro. Tampoco se había escrito una historia para ella. Pero por la manera en que Vasconcelos la narró, en su prosa vengativa y con un nombre supuesto, se discierne que a través de ella esa generación se asomó a uno de sus *handicaps*: la extravagancia literaria y sexual de la mujer fatal que prendió irritaciones formidables a los modernistas —cuya influencia en ellos, sus menores, inoculó el veneno sutil del decadentismo.

Gómez Robelo concluyó formalmente sus estudios de abogacía en la Escuela Nacional de Jurisprudencia en julio de 1907, aunque ya tenía dos años de práctica en el despacho

[7] La pasión intelectual y el exilio, según Enrique Krauze, fueron las dos marcas profundas en la vida de los ateneístas. Ellos conocieron además la «experiencia de acercarse juntos, sin tutorías, sin aulas, sin libretos, a los límites de la cultura occidental, inventando o reinventando por su cuenta un método socrático en el que cada uno aportaba lecturas, críticas y obsesiones», anotó Krauze en la alacridad de un retrato breve. «Representaban genuinamente un epicúreo banquete de cultura occidental, un avatar de las leyendas humanísticas del siglo XVIII presididas por Voltaire o el Doctor Johnson, un remoto y anacrónico latido de la Ilustración en la Colonia Santa María de la Ciudad de México». En «Diálogo de los libros de Julio Torri», *Caras de la historia*.

de Luis Cabrera. Sabía lo suyo, además de moverse muy bien entre leyes, juzgados, instrucciones. Vivía entonces solo, en San Ángel, a las afueras de la capital.[8]

En 1909 Gómez Robelo se aventuró en la política al tomar partido por la candidatura de Ramón Corral a la Vicepresidencia de la República, y no por la del general Bernardo Reyes, entonces gobernador de Nuevo León, el gallo de casi todos los ateneístas. Al igual que el filósofo en cierne Antonio Caso, quien también apoyó a Corral y era de la idea de que México en realidad no estaba tan preparado para entrar a la democracia, Gómez Robelo se distanció de sus amigos ateneístas en virtud de esta decisión. Luego se mofó de Madero, como candidato y como Presidente. Ocho meses después de los diez días que conmovieron el tiempo mexicano y que culminaron con el asesinato del presidente Madero, el trato de Rodión era agradable si hablaba de literatura clásica.[9] Se mantenía del trabajo que consiguió en Correos gracias a otros amigos que colaboraron con el gobierno golpista de Victoriano Huerta —como el abogado José María Loza-

[8] Archivo Histórico del Centro de Estudios sobre la Universidad, Fondo Expedientes de Alumnos, Ricardo Gómez Robelo, no. 43916, 13 pp.
[9] José Emilio Pacheco señaló la posibilidad de que Gómez Robelo participara en el levantamiento de Pascual Orozco contra Madero en 1912. Unas líneas de Alfonso Reyes así lo sugieren («nos lo arrebató la guerra civil y nos lo trajo disfrazado de guerrillero»), y tal vez la intuición de Pacheco sea correcta. José Emilio Pacheco, «Ricardo Gómez Robelo (1884-1924). El que murió de amor», *Proceso*, no. 414, octubre 8, 1984. De no ser por este «Inventario» de JEP, la edición facsimilar de *Sátiros y amores* habría pasado inadvertida por completo. La cita de Alfonso Reyes proviene de su libro *Pasado inmediato*, p. 203.

no—— aunque al final de este gobierno llegó a ocupar el puesto de Procurador General de la Nación. «En política, y muy especialmente en la política mexicana», escribió Nemesio García Naranjo, «se sabe cuándo y dónde se entra, pero es imposible prever la fecha y el lugar de salida». La caída del huertismo en 1914 significó para Gómez Robelo el destierro a San Antonio, Texas, refugio al que se metieron cientos de porfiristas más o menos eminentes, colaboró en la semanal *Revista Mexicana* (1915-1920), órgano de la contra en el exilio que dirigía su fundador García Naranjo, amigo de Rodión desde estudiantes. El estilista que se cuidaba de escribir por no hacerlo tan bien como él quería ——o como él creía que debía hacerlo—— terminó así dando maquinazos bestiales.

Aún se ignora cuándo fue exactamente que Gómez Robelo se mudó al estado de California, pero según la evidencia de uno de sus poemas, «Estrofas», él ya estaba en Los Angeles para mayo de 1919. Y a la luz de los ejemplares que se conservan de *El Heraldo de México* en la Universidad de California en Berkeley, es posible añadir algunos rasgos más a la figura pública de Gómez Robelo. En primer lugar, no obstante su residencia californiana, no dejó de colaborar con García Naranjo ——para quien el exilio se transformó en una intensa actividad editorial, pues en Texas publicó y desde Texas surtía a vuelta de correo, por solicitud expresa al apartado postal 774 en San Antonio, los cinco volúmenes de *Los bandidos de Río Frío*, *La ruina de la casona* de Esteban Maqueo Castellanos, *El Zarco*, *Los dos últimos marqueses de Prado Alegre*, un *Álbum de Juárez* y una *Biografía del general Porfirio Díaz* escrita por Gómez Robelo——. Vasconcelos, exiliado por el carrancismo, en 1919 lo reencontró en Los Angeles. Gómez Robelo, de tan feo, no parecía desolado. Unos meses después arregló su regreso al país y en 1921 lo puso al frente del Departamento de Bellas Artes.

Rodión ya era entonces una sombra del crepúsculo porfirista. Era un ventanal iluminado del Café Chapultepec, un palco vacío en el Arbeu al llegar el intermedio, una carretela de alquiler por la Reforma, una fantasía decorativa de Pellandini. Pero ¿cómo llegó a Los Angeles cuando sus tareas en la revista de García Naranjo lo detuvieron en el estado de Texas? Responder esta pregunta, de poder hacerlo, nos llevaría sin ningún salto al inicio de la pasión de Gómez Robelo por Tina Modotti, casada desde 1917 con el pintor Roubaix de l'Abrie Richéy.

Rodión procuró a José Vasconcelos para arreglar el regreso al país, según Jaime Torres Bodet. Hasta en sus cartas, percibió el secretario particular de Vasconcelos, Ricardo Gómez Robelo era un dandy que elegía con cuidado la tinta y los sobres.[10]

A diferencia de otros contemporáneos, Gómez Robelo re-

[10] Jaime Torres Bodet escribió en *Tiempo de arena*: «"Por mi raza hablará el espíritu" fue el lema de José Vasconcelos. Atendiendo a su invitación, vinieron a la República Pedro Henríquez Ureña y, más tarde, Salomón de la Selva, Morillo, Manuel Castero. Entre ellos, dos mexicanos: Joaquín Méndez Rivas y Ricardo Gómez Robelo. Conocí al último por correspondencia, merced a las cartas que Vasconcelos recibió de él, antes de resolverse a llamarle a México. Fechadas en los Estados Unidos, aquellas epístolas me impresionaron por la distinción con que su

tuvo el equipaje de mano de sus días en la Escuela Nacional de Jurisprudencia al comienzo del siglo nuevo. Hacia 1920, él aún prefería el ocio, el alcohol, las mujeres, las paradojas y ciertas vaguedades laicas, a la serenidad con la que los amigos de otro tiempo acompañaban ahora su espíritu práctico. Y es muy probable que la sola presencia de Tina Modotti animara un motín de espectros provenientes de sus días de estudiante. Agotado por la prosa de la política, desde las tertulias en la redacción de *El Debate* partidario de Ramón Corral hasta la *Revista Mexicana* y *El Heraldo de México*, el deseo o el amor —o deseo y amor— renovaron sus votos literarios. Rodión tenía una cultura tan sólida como la de sus compañeros y muy joven optó por el cultivo de autores ingleses.[11] Tradujo a Edgar Allan Poe, a Oscar Wilde, y si le entró a la afectación decadentista que fue alegre moda en la segunda mitad del siglo XIX, no lo hizo por buscar los paraísos artificiales de Charles Baudelaire, igual que sus mayores José Juan Tablada, Manuel José Othón, Luis G. Urbina, Efrén Rebolledo. Él tenía otro interés, casi una inquietud fermentada: seguir los pasos de Algernon Charles Swinburne, Dante Gabriel Rossetti y John Ruskin —la versión inglesa de esa misma historia—. La preferencia por estos poetas podría explicar cómo fue que Gómez Robelo se

---

autor revelaba en ellas —a la vez— la necesidad y el orgullo, el deseo y la reticencia, la solicitud y el desinterés. Se adivinaba la urgencia que tenía de ser llamado. Pero no lo decían tanto las palabras escritas en el papel, cuanto —menos discreta— la calidad descendente de los sobres, o de la tinta...», en *Obras escogidas*, pp. 262-263.

[11] Nemesio García Naranjo, *Memorias, op. cit.*

convirtió en uno de los primeros escritores mexicanos en interesarse por las artes plásticas. Pero el hecho importa más que su argumentación. Él fue, además, uno de los pocos ateneístas que vivió radicalmente el temperamento bohemio del modernismo y sus acentos decadentes. Este interés doble por una pintura y un estilo de vida, hizo que Rodión volviera a escribir, ahora en el estudio angelino de su amigo el pintor Roubaix de l'Abrie Richéy, con la levedad que debía dejarle el entusiasmo por Tina Modotti, cuando él mismo creería muerto su interés por la literatura.

> Hagamos una libación:
> «¡Los dioses
> Séannos propicios!» ——Margaret enciende
> La alegría del vino en las pupilas;
> Los ojos de Robó son uvas tiernas;
> Tina, gentil, sonriendo, el brazo extiende,
> Y, en las horas felices y tranquilas,
> Las locas ilusiones son eternas...
> Pasa un sueño de Tina por la frente;
> Margaret picarea: Robó asiente,
> Y yo derrito una uva transparente![12]

La escena no es exacta y además no importa. En el estudio artístico de Robó, Gómez Robelo quisiera lograr un tenso simulacro del poeta Swinburne en sus raptos de creación. Como él, componiendo bajo una especie de dura compul-

---

[12] Ricardo Gómez Robelo, «Cuando cenamos juntos», *El Heraldo de México*, Los Angeles, 2 de noviembre de 1919.

sión hipnótica, Rodión garrapatea de pie sus versos en las hojas al alcance, da vueltas por el estudio como si no fuera el abierto y fresco de Robó sino el cerrado y húmedo de Rossetti, produce el material para un nuevo libro mientras agota botella tras botella de licor. Trae a su memoria la imagen de todas las mujeres perversas que los libros le han entregado; y luego la de las mujeres que con él, el poeta, el hombre de la multitud, fueron despiadadas o insaciables, secas como la piedra o bien estériles como el veneno. Rodión sabe que imita, que la fisonomía de la mujer fatal de sus sonetos proviene de versos de Swinburne y de cuadros que pintó Rossetti, amigo y anfitrión del poeta. Y en esta lógica, él dicta a Robó, su anfitrión en Los Angeles, las viñetas que desea para su libro de sonetos. Con la mediación inevitable de la parodia, Tina Modotti accede entonces al espacio pictórico creado por Rossetti. Ella misma se puede parecer al modelo de la mujer fatal y alcanzar sus timbres, aunque su uno sesenta ayuda poco. No por otra cosa su negra cabellera espesa, la severa línea de los labios y la mirada firme fueron los mismos elementos que destacó la prensa mexicana durante las averiguaciones que se volvieron contra ella, amante criminal o cómplice como la *Salomé* de Oscar Wilde según la policía, a raíz del asesinato del líder comunista cubano Julio Antonio Mella, diez años después de posar para *Sátiros y amores*. Sólo que Gómez Robelo, en la confusión amorosa, no tiene suficiente con Rossetti y le pide a Robó la violencia, el erotismo y la utilería de los dibujos a línea de Aubrey Beardsley.

Más adelante, Rodión se encargaría de difundir en México

33

los trabajos y los días de su exilio en Texas y California. Pocas cosas debieron complacerle más que regalar la *plaquette* de *Sátiros y amores* junto con las intimidades de los amigos en Los Angeles. El poeta como delator. Nadie imaginó que el entusiasmo de Rodión anclaría la irrecuperable singularidad de Tina Modotti al emblema venéreo que él difundió y con el que aquí se la vio y explicó.[13]

Y llegados a este punto nos parece difícil evitar el pensamiento que acaso alentara Gómez Robelo: vivir la repetición de la historia de su admirado John Ruskin y los pintores prerrafaelitas —Hunt, Millais, Rossetti— sólo que al revés. El escritor no iba a ver la partida de su mujer con el pintor amigo, como sucedió entre Ruskin y Millais, sino que en esta ocasión el pintor dejaría a la suya en los brazos de Rodión. Porque nadie más que el mismo Gómez Robelo corrió la voz de su pasión por Tina Modotti. La pasión que, según él mismo, le consumía las entrañas; la pasión preferible a la real y sigilosa e imbatible enfermedad que lo consumía

[13] Rafael Heliodoro Valle seleccionó «Ella» y «Dionisiaca» para comentar y presentar *Sátiros y amores* a los lectores de *El Universal Ilustrado*, 14 de julio de 1921. Por su parte, Rafael Vera de Córdova fue otro que conoció el secreto californiano de Gómez Robelo. «Trémulo de emoción y con los ojos centelleantes», Gómez Robelo mostró algunos tesoros de su exilio al informado cronista, quien le visitó en la oficina que José Vasconcelos puso a su cargo en la Escuela Nacional de Bellas Artes; el cronista apuntó: «Allí, sobre una mesa, estaba muda y enigmática una gran petaca de petatillo con los sellos de la aduana internacional, y, con religiosidad mística y pagana, el exquisito autor de *Sátiros y amores* abrió lentamente la tapa y surgieron ante mis ojos los deslumbramientos coloridos de unas raras telas policromas y el soplo vivificante y clarobscurado de las más estupendas fotografías. —Aquí tiene usted,

desde hacía rato.[14] Aunque llegados a esta otra parte también nos parece difícil evitar otra idea que acaso alentara Rodión, una idea mucho más acorde a sus adivinaciones estéticas: hacer de su muerte una obra de arte, asistido en el altar de sus exequias por la belleza triunfal de Tina Modotti. La mujer que nunca sería completamente suya.

Torres Bodet adivinó cierta urgencia de ser llamado en las cartas de Gómez Robelo a Vasconcelos. Enfermo, quizás hasta menos desafortunado en amores de lo que se pensaba, Rodión quería acabar sus días entre los suyos. El joven asistente del ministro Vasconcelos registró así su encuentro con Rodión, entonces mítico:

> Llegó a mi despacho cierta mañana, no recuerdo cómo ni por qué vía, con la más imprevista boquilla de ámbar entre los labios, un estremecimiento febril en las manos largas, sacerdotales —y una manera extraña de saludar, de sentarse, que puso en orden a las cuatro o cinco personas que me rodeaban en ese instante y seña-

---

amigo —dijo—, lo que traje amorosamente del destierro: batiks, telas caprichosas teñidas a mano por los más originales artistas de Norteamérica; dibujos y postales de Blaine, a quien usted conoció en aquella ciudad encantadora de California. Además, esta colección de fotografías que son verdaderas obras de arte, dentro del más puro criterio estético». Rafael Vera de Córdova, «Las fotografías como verdadero arte», en *El Universal Ilustrado*, 13 de marzo de 1922.

[14] Ciro Méndez y Gómez, en carta a José Gorostiza, fechada en Nueva York el 6 de mayo de 1924, deja ahí un comentario por el que se puede apreciar hasta dónde logró Rodión persuadir a los demás de su relación con Tina, en José Gorostiza, *Epistolario (1918-1940)*, p. 79.

ló a cada cual, sin herir a nadie, una función diminuta, de espectador. Era flaco, feo, de tez morena, frente rápida y despejada. Por espesa, por trémula y por activa, resultaba dramática su nariz. De sus ojos, la mirada escurría continuamente, intencionada como un consejo, densa como un humor. Restituía al conjunto un prestigio raro la dignidad de las manos con cuyos dedos acariciaba, para lustrar una frase, una flor no vista; o, cuando la charla le fatigaba, se alisaba el cabello serenamente ——como quien se despoja, frente a su pueblo, de una corona.[15]

Instalado en México, y además con la novedad de un título reciente en su magra obra literaria, Gómez Robelo se trajo entonces al pintor que había ilustrado sus poemas.

Quién iba a decirlo: la intempestiva muerte de Robó, menos de tres meses después de llegar a México y cuando su mujer ya se había decidido a alcanzarlo a la mitad del inusitado paraíso artístico, quiso decir para Gómez Robelo una larga, imprevista, dura, imborrable separación de Tina Modotti.[16]

Tina Modotti enterró a su esposo en el Panteón de Dolores a principios de febrero de 1922 y ahora la noticia de la muer-

[15] Jaime Torres Bodet, *ibid*.
[16] Sobre la muerte de Robó y el primer viaje de Tina Modotti a México, ella declaró lo siguiente en mayo de 1922 al periodista R. W. Borough de *Los Angeles Enquirer*: «Él [Robó] se enfermó de viruela. No lo supimos sino hasta el final. Yo iba en el tren para encontrarme con él cuando me dieron un telegrama: había muerto».

te de su padre le hizo regresar de inmediato a California. Allá tenía un amor nuevo, Edward Weston. Así que si volvió fue en busca de un espacio personal que apenas se había atrevido a tocar cuando la muerte la transformó en una viuda de veinticinco años. Entonces, como quien despacha un último deber, editó *The Book of Robo*.

De esos días quedó uno de los desnudos que le hizo Weston en su estudio. Esta foto da la impresión, como observó Charis Wilson, de que a la modelo se le captó en el descanso entre una y otra toma, sentada al fondo del estudio, lo cual permitiría imponerle a la imagen el tono de un documento más en el flaco expediente de Tina Modotti.[17] De hecho, se trata de uno de los primeros desnudos que realizó Weston —pues fue un flanco que abrió en su carrera hacia el principio de la década de los veinte—. Ella vivía en Estados Unidos desde 1913 y, además de trabajar en la industria del vestido, había hecho un poco de teatro y cine; tenía poco de tratar a Weston, a quien tal vez conoció a su paso por Hollywood, y empezaba a familiarizarse con un mundo un poco más imbricado que el mundo en la compañía de Robó. La vida era el hechizo de los sonidos y las imágenes, pero su maravilla estaba más bien en el desafío de las realizaciones.

Tina Modotti conoció entonces a los pares de Weston, como el culto Johan Hagemeyer, y así abundó en su interés por los trabajos del arte y el imperio de los sentidos. Weston y los suyos debieron pasar por alto la edad de la muchacha

---

[17] Esta fotografía, así como la observación de Charis Wilson, en el libro *Edward Weston Nudes*.

ante el triunfo de su presencia. El pasado de Weston, en cambio, creo que a ella le parecería la más larga de las historias imaginables. Él le llevaba diez años —más los años de cuatro hijos y una mujer tan necia como él— y en las noches de esa historia se perdía el gesto con el que alguna vez él botó su seguridad financiera por un trabajo fotográfico bastante más ambicioso. Entre los dos, Tina y Edward, imaginaron una temporada en la Ciudad de México. Antes tuvieron que ahorrar año y medio. El viaje a México interrumpió, en cierto modo, el referido descanso de la modelo entre una y otra toma. Se convirtió, de hecho, en su más larga e intensa sesión fotográfica.

La pareja zarpó de Los Angeles a finales de julio de 1923, en compañía de Chandler, hijo de Weston, a bordo del S. S. Colima. El tren los llevó del puerto de Manzanillo a la capital. Antes que acabara agosto, los visitantes ya habían tomado por seis meses la casa de la avenida del Hipódromo 3, en Tacubaya, a cuarenta minutos en tranvía del centro de la Ciudad de México.

Ellos quisieron que la capital fuera el país entero y con esa convicción la vivieron juntos. «Por todas partes hay despojos de humanidad; sometidos, infectos limosneros en insistente solicitud», escribió Weston en las páginas de su diario.[18] De inmediato los visitantes fueron a presentar sus respetos a lugares como Los Monotes, La Tapatía, El Volador, Xochimilco, el Toreo, Churubusco, Teotihuacán, el

---

[18] *The Daybooks of Edward Weston*, vol. I, p. 15. Esta observación en la entrada del 20 de agosto de 1923.

Teatro Lírico, Tepozotlán. Pero la primera admiración de la pareja fue para la inmensa provincia de Diego Rivera. «Hace unos días», escribió Weston a su llegada a la capital, «Tina me llevó a ver la obra de Diego Rivera, los murales para un edificio público. Más tarde lo vimos a él. Lo que vimos fue la obra de un artista enorme; y él resultó enorme en otro sentido, alto y de generosa periferia, ¡de una figura imponente! Lamento no haber podido conversar con él puesto que en París vivió entre los más destacados artistas contemporáneos, Picasso, Matisse y otros, y debe saber anécdotas».[19] Al poco tiempo ambos se relacionaron con los hermanos Guerrero: Xavier y Elisa. Pero la segunda sorpresa de la ciudad asumió la forma de un espectro casi doméstico, avecindado en la capital después de un viaje a Brasil en 1922, en el espacio de la galería Aztec Land, marco de la primera exposición que Weston montó en México. «Al segundo día», esto es, el 23 de octubre de 1923, Ricardo Gómez «Robelo llegó tan inesperadamente después de este largo silencio que fue un impacto. Nos dimos un largo y sentido abrazo, fue espléndido verlo. Robelo ha estado muy malo, eso se notaba. Él no dice qué tan enfermo: encerrado en su casa, no deja de escribir, a pesar de su mal, un libro sobre las pirámides de México».[20] Uno de los desnudos de Margarethe Mather, en opinión del adelantado Rivera, fue lo mejor de Weston en las mudas paredes de Aztec Land.

[19] *Ibid.*, p. 17. En el diario abundan las referencias a Diego Rivera; ésta corresponde a la entrada del 23 de agosto de 1923.
[20] *Ibid.*, pp. 25-26. Este apunte se localiza en la entrada correspondiente al 30 de octubre de 1923. Es probable que Gómez Robelo siguiera tra-

La muestra sirvió para dar a conocer así como para encontrar el México del Dr. Atl, José Clemente Orozco, Roberto Montenegro, Adolfo Best-Maugard, Nahui Olín, Rafael Sala, Felipe Teixidor, Jean Charlot, Miguel Covarrubias, Ernesto García Cabral, Fermín Revueltas y Germán Cueto, entre varios más. ¿Había otro México? Desde luego que sí, pero ninguno como el de esta variada, inquieta, tolerante y no poco presuntuosa colonia de artistas y escritores en la capital a mediados de los años veinte, para que el fotógrafo y su asistente accedieran a lo mejor de los numerosos Méxicos. Ellos dos hicieron el resto. Su entusiasmo supo ajustarse a la singularidad de una ciudad tan gaseosa como la del culto cenáculo en casa de los Braniff, así como la de los mercados indígenas y plazas civiles.

Tina Modotti fue el hilo del que pendía la vida misma de Weston en México. A lo mejor los dos contaban con que tal temeridad les acompañaría siempre. Así, ella fue su asistente y su modelo, pero sin duda vio también por la indispensable provisión del señor fotógrafo. Hubo que buscar una casa que no entorpeciera las actividades profesionales de Weston y salirse de la de Tacubaya. Así llegaron a Lucerna 12, y poco después al legendario triángulo en el 42 de la calle Veracruz. El esfuerzo de ambos se convirtió, al principio, en ventaja de uno solo: Edward Weston. El trabajo de ella era la cifra de su intimidad. En abril de 1924 a él lo invitaron a exponer al

---

duciendo poesía, pues en mayo de 1922 Tina Modotti le declaró a R. W. Borough que «Robelo [...] está traduciendo a Carl Sandburg y Conrad Aiken para los suyos».

Café de Nadie, junto a varios artistas de vanguardia que se hacían llamar estridentistas: Ramón Alva de la Canal, Emilio Amero, Rafael Sala, Xavier Guerrero, Leopoldo Méndez, Máximo Pacheco y Fermín Revueltas.[21] A él lo buscaban para presentarlo con Frances Toor, quien desde mediados de 1925 editó una revista a medio camino entre las artes populares y la antropología, *Mexican Folkways*, o a Carlos Mérida. Jean Charlot le abría las puertas de las pulquerías. A él lo iban a ver para conversar, mostrarle, aprender, halagarlo, reír y beber. A él lo buscaban incluso por estar cerca de ella, Tina Modotti, por una oportunidad de mirar su despliegue o su apremio íntimos, su paso leve de muchacha descalza. Quién sabe cómo se comportaría la imaginación de los extraños frente a la pareja.

El caso es que Tina Modotti llevaba cuanto pudiera ser demasiada digresión para un hombre que sólo quería mirar a través de su omnímodo lente y desear cuanto por ahí veía; ella era un eco inmensurable de todo en lo que él se esmeraba: caras, fachadas, volúmenes, texturas, cuerpos, ángulos. Es raro dar con silencio más prolijo que el de ella; a lo mejor no es tan raro pero la elocuencia de Weston la abruma. Él se expresa en su diario y en su cámara. La diferencia es enorme. Ella apenas asoma en sus cartas. Él tiene además el gozo de su empeño cuando se demora en la revisión, por ejemplo, de los retratos que les hizo a Nahui Olín, Manuel Hernández Galván, Diego Rivera, Guadalupe Marín y desde luego a la misma Tina Modotti.

[21] Germán List Arzubide, *El movimiento estridentista*, p. 63.

Un día Weston apuntó en su diario que el retrato de Gómez Robelo era uno de los mejores. Poco después, al cumplir un año de estar en México, Weston escribió: «Ricardo [Gómez] Robelo está muerto... y la noticia entristece aunque se esperaba desde hacía tiempo. No volví a ver a Robelo desde mi exposición en el otoño anterior; en su enfermedad prefirió apartarse. Nuestros encuentros —aun en Los Angeles— fueron pocos, aunque siempre intensos, y siempre lo recordaré como un gran tipo y un buen amigo».[22]

La fotografía apareció en la vida de Tina Modotti como un escenario más. Luego se convirtió en la oportunidad de evitar los escenarios.[23]

Edward Weston la acercó a los procedimientos de la alqui-

[22] *The Daybooks of Edward Weston*, vol. I, p. 88, en la entrada que corresponde al 8 de agosto de 1924.

[23] En carta del 22 de febrero de 1924, Edward Weston escribió a su esposa Flora: «Ella [Tina Modotti] quiere aprender fotografía y lo está haciendo bien —no tiene deseos de volver al escenario y la fotografía la haría hasta cierto punto independiente», citado por Amy Stark, «The Letters of Tina Modotti to Edward Weston», p. 17. Tina Modotti fue actriz en el teatro italiano de San Francisco y trabajó en *La morte civile*, *Spettri* (en el papel de Regina) y *La Nomica*. Estuvo en la compañía Bruno-Seragnoli y su último trabajo en ella consistió en representar a la heroína patética de *Scampolo* de Niccodemi. Véase Lawrence Estavan (ed.), «The Italian Theatre in San Francisco», Monographs Foreign Theatres Part II, *San Francisco Theatre Research First Series*, vol. 10, San Francisco, California, 1939, pp. 55-59. En el cine, Tina Modotti trabajó en *The Tiger's Coat* (Roy Clements, 1920), *Riding with Death* (Jacques Jaccard, 1921) y *I Can Explain* (George D. Baker, 1922). Véase Kenneth W. Munden (ed.), *Catalog of Motion Pictures Produced in the United States. Feature Films 1921-1930*, R. R. Bowen, 1971.

mia fotográfica en canje por su ayuda en la Ciudad de México. Ella sabía ser útil. En marzo de 1922, después de sepultar a Robó, Tina Modotti siguió de cerca el montaje de algunos trabajos de los amigos californianos (Roubaix de l'Abrie Richéy, Edward Weston, Arnold Schröder, Margarethe Mather, Jane Reece) en la Academia de Bellas Artes. Entonces conoció a algunos de los artistas mexicanos del día, con quienes de seguro querría departir en fogosa tertulia el señor fotógrafo. Así que en la capital del país revolucionado ella le asistía en casi todo, a la vez que se aventuraba por el laberinto de la intencionalidad artística. Con los armatostes de madera y vidrio que traían de California trabajaron ocasionalmente un mismo sitio, como Tepozotlán y el Gran Circo Ruso, pero sin confundir puntos de vista ni enfoques. Ella trató de ser lo más discreta, aun cuando ambos se valían de imágenes con significaciones abstractas. El temperamento de Weston parecía expresarse en composiciones tan características que, en las vueltas de un ciclo exacto, las composiciones parecían la expresión del temperamento singular del fotógrafo. La discípula se contentó con la desenvoltura de sus tanteos. Por lo demás, ella hacía las veces de modelo, en quien caía la ecuación y la prédica del encanto estético. La resonancia de Weston en la imaginería que trabajó inicialmente su discípula hizo invisible la originalidad hasta el grado cero de las influencias: cuando el maestro habría querido ser el autor de una de las imágenes de Tina Modotti.

La capital se les convirtió así en una suerte de apogeo. En la vida, en la creación. Todos deberíamos sabernos despabilar con café antes de cualquier afán, igual que ellos. La cordialidad de los amigos se sumó a la de los sentidos lastimados por la belleza inmediata del aire.

Pero había más.

Tina Modotti no dejó de ejercer fascinación en el pobre de Weston a lo largo de su estancia en México según el prolífico testimonio que ofrecen los desnudos en la azotea así como los numerosos retratos. Parece que en los protocolos de la foto el maestro y su discípula resolvieron, o al menos intentaron resolver, asuntos tan delicados y arduos y a veces hasta bufos como los de cualquier oficio. Uno de ellos, el trato entre ambos; otro, la independencia de cada quien. El tercero es insondable pero nadie que haya navegado sus aguas una vez se aguanta las ganas de volverlas a rizar. El amor es el mismo en cualquier parte. Sobre todo, como en este caso, cuando se bosqueja la rehabilitación de una abandonada casona en Tacubaya, con la única esperanza de obtener un cuarto de paredes blancas y un florero de Talavera con geranios ——según anotó Weston en su diario——, y al acabar el trabajo no se sabe qué hacer con el cuarto. «Se soltó un chubasco sobre la casa cuando me preparaba a pasar la primera noche en mi cuarto terminado», escribió Weston. «Los relámpagos deslumbraban, el agua corría a chorros por los surtidores, caía del techo como una tela. Descalza, en kimono, Tina corrió hacia mí bajo la lluvia ——pero algo se perdió entre nosotros——. Nos han abandonado la curiosidad, la emoción de la conquista».[24]

---

[24] *The Daybooks of Edward Weston*, vol. I, p. 20, correspondiente a la entrada del 30 de septiembre de 1923.

Al tercer día, según las Escrituras, Weston empezó a cortejar a Elisa Guerrero. Los primeros días en México también le devolvieron a él —el gran fingidor— una sensación más o menos inesperada: la belleza de Tina Modotti lo transformaba en un cornudo. Esto se le convirtió en angustioso placer. Tenía, en efecto, muchas más damas que tiempo que dedicar a su atención, por entusiasta que fuera. No conozco la página en la que reconozca haber contado más amores que ternuras con ellos.

Como pudo, es decir como un loco, Weston se defendió en el cuenco de su diario de la movilidad de su discípula, crisis de su coleccionismo. En el diario se identifica a contrapelo; es bueno que Weston no se atreviera a censurar estas jactancias al arrancarle páginas que, creyó, serían adversas a su memoria. «¡Los negativos de Tina resultaron una buena inversión!», apuntó en su cuaderno después de atender la solicitud de un tal Peñita. Me pregunto si el tal Peñita no era el buen amigo del novelista Federico Gamboa, Antonio de la Peña y Reyes. El cliente típico que hay en todos: fascinado por la modelo más que por la foto.[25] «A la próxima me traigo una querida más hogareña», escribió al resentir la distancia de Tina Modotti.[26] A diferencia de su asunto con Elisa Guerrero, que le funcionó tan bien como un embudo, el crucigrama con su discípula le quedó pringado de espacios en blanco, pentimentos y garabatos. Tal vez el arreglo de los

[25] *Ibid.*, p. 20, correspondiente a la entrada del 20 de septiembre de 1923.
[26] *Ibid.*, p. 22.

45

cuartos contiguos pero separados era el mejor de los arreglos. Quizás él se arrepentía de su falta de empeño. O de valor. O de vergüenza. Como sea, hay que indagar en los papeles de Weston para encontrarla a ella. Cuando menos el fotógrafo tuvo el coraje de asumir al enano que escondemos todos, sin ningún enfado. «Prefiero, para variar, tomar solo mi café de la mañana», escribió al comienzo del último día de 1923.[27]

Pero este gruñón resolvió algo de lo más sobresaliente de Tina Modotti en un mazo de imágenes. Las fotos son obra de Weston pero también cuentan en la vida de ella, la modelo. Son su trabajo y también su carácter, el trabajo de su carácter. Mejor que los retratos a línea del pintor Richéy, mejor que el de la foto que logró Arnold Schröder al imitar ——casi calcar, en serio—— la *Astarte Syriaca* de Dante Gabriel Rossetti,[28] mejor que estos retratos, los de Weston componen un viaje hacia el término de una mujer que nunca tuvo un lugar fijo, a quien tal vez nunca le interesó tener un sitio específico, una mujer sin otro país que el prescrito en las páginas de un frágil carnet de identidad que la nombra como sea sin tocar en absoluto su esencia humana. Weston la vio, y no la cargó de suposiciones intransigentes. Es difícil creer que Weston se esmerara en algo más que componer los retratos que le hacía a su modelo. Hacer tal cosa no es poco. Así, sus composiciones la nombran de un modo distinto cada vez:

[27] *Ibid.,* p. 40.
[28] Las fotos de este Arnold Schröder en Mildred Constantine, *Tina Modotti. A Fragile Life*, pp. 34-35. El uso emblemático de la figura de Tina Modotti resulta aún más sorprendente cuando se comparan estas fotos con las ilustraciones de *Sátiros y amores*.

Tina con una lágrima, Tina en la azotea, Tina en el instante de repetir un verso, Tina en kimono, Tina a solas. Tina nada más. Se la ve variar de registro en la misma sesión. Leer estas imágenes tras una lente biográfica es atrevimiento sin sentido si lo que se pretende es que la vida entregue argumentos y despeje las ecuaciones de la representación. Digamos que Weston se clavó en problemas específicos formales, inteligibles para unos cuantos, sin detenerse a dibujar a sus modelos. Tal vez nadie diría que en las distintas pruebas que hizo del torso de Anita Brenner la retrata a ella, en vez de ofrecer su personalísima versión de uno de los mármoles de Jesús Contreras: *Désespoir*, a la sazón en el jardín de la Alameda.[29] Algo semejante sucede con las fotos que hizo con Tina Modotti. Sólo que las imágenes además dan testimonio de la impaciente variedad de la modelo; las mil caras que asoman en las fotos que le hizo Weston son su persona inconfundible pero a la vez impredecible.

Por lo anterior hay un apunte de Weston que resulta de lo más elocuente. Lo escribió después de imprimir un retrato más de Tina Modotti. «Junto con el de Lupe [Marín] es de lo mejor que he hecho en México, tal vez lo mejor de todo lo que he hecho», escribió. «Pero mientras que el retrato de Lupe es heroico, este retrato de Tina es noble, majestuoso, exaltado; el rostro de una mujer que ha sufrido, que ha conocido la muerte y la desilusión, que se ha vendido a los ricos y que se ha entregado a los pobres, cuya infancia cono-

[29] Véase el catálogo de Amy Conger, *Edward Weston in Mexico, 1923-1926*, p. 43.

ció la carencia y el trabajo duro, cuya madurez reunirá la experiencia agridulce de alguien que ha vivido completa, profundamente, y sin miedo».[30]

Tina Modotti vio partir a Edward Weston en diciembre de 1924. Ocho meses después fue la escena del reencuentro. Weston regresó de California, en compañía de otro de sus hijos —Brett, no Chandler.

Es poco lo que se conoce sobre las actividades de Tina Modotti entre enero y agosto de 1925, aunque es muy probable que meses antes se vinculara a las tareas contra el fascismo y que algo tuviera que ver en el nacimiento, en abril de 1925, de la sección mexicana del Socorro Rojo Internacional.[31] Por entonces pudo dar inicio su trato con un paisano suyo, Vittorio Vidali, quien circulaba con una colección de pasaportes en la cartera entregado a las aventuras —incluso las de tipo político— de la causa roja.[32]

Ella no lo dejó por escrito en ningún lado, esto es, de un modo menos casual que lo que metía en las cartas a Weston.

[30] *The Daybooks of Edward Weston*, vol. I, p. 49, correspondiente a la entrada del 14 de febrero de 1924.

[31] Christiane Barckhausen armó, a partir de ciertas evidencias, el itinerario de Tina Modotti en estos meses. Ella dice que Tina Modotti pudo haber viajado a Moscú, vía Berlín, para asistir a la Escuela Lenin. La hipótesis me parece más entretenida que seria. Véase Carlos Garcés, «Tina Modotti en la leyenda y la verdad. Entrevista con Christiane Barckhausen-Canale», *Casa de las Américas*, no. 169, Cuba, julio-agosto 1988, pp. 112-113. Véase también su libro, *Verdad y leyenda de Tina Modotti, op. cit.*, pp. 225-226.

[32] Véase Ortega, «La muerte de Mella. Un asunto resucitado», *Revista de Revistas*, 13 de noviembre de 1931, pp. 19-20.

Edward Weston: Tina. México, 1923.

Foto de aniversario: Tina y Weston.
Ciudad de México, 1924.

Tina y Roubaix de l'Abrie Richéy (Robo). Los Angeles, 1921.

Johan Hagemeyer: **Autorretrato.**
Los Angeles, 1921.

Ricardo Gómez Robelo según Robo; del
libro de poemas **Sátiros y amores**. 1920

Ricardo Gómez Robelo, primero de izquierda
a derecha. Al otro extremo, su jefe
inmediato José Vasconcelos,
junto a Diego Rivera.
Ciudad de México, ca. 1923.

A MIS AMIGAS,

A MIS AMIGOS

EN EL EXTRANJERO

R. G. R.

R. Gómez Robelo

AMOR·MI·MOSSE·CHE·MI·FA·PARLARE

Robo: Tina en
las páginas de **Sátiros
y amores.** 1920.

Dante Gabriel Rossetti:
Astarte Syriaca.

Dedicatoria
de **Sátiros y amores.** 1920.
Ex libris
de Ricardo Gómez Robelo.
(en la página anterior)

Arnold Schröder: *Tina.* ca. 1920.

Miguel Covarrubias:
José Clemente Orozco.

Edward Weston: **Diego Rivera**.
Ciudad de México, 1924.

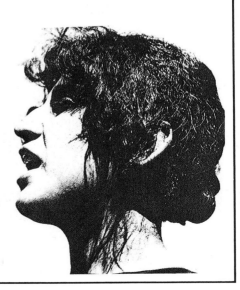

Edward Weston: **Guadalupe de Rivera**.
Ciudad de México, 1924.

Edward Weston: **Nahui Olín**
(Carmen Mondragón). Ciudad de México, 1924.

Audifred: **Dr. Atl.**

Tina y Miguel
Covarrubias. Ciudad
de México, ca. 1924.

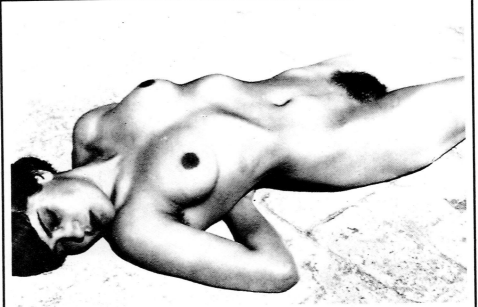

Edward Weston: **Tina en la azotea.** Ciudad de México, 1924.

Edward Weston: **Desde la azotea.** Ciudad de México, 1924.

Edward Weston: **Tina en la azotea.** Ciudad de México, 1924.

Edward Weston:
Tina Modotti.
Ciudad
de
México, 1926.

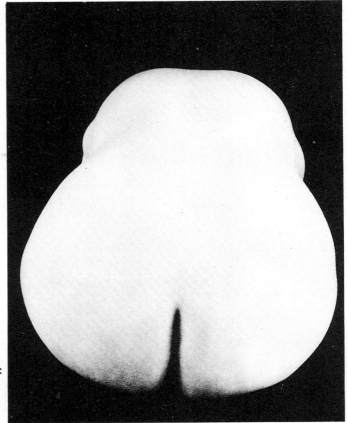

Edward Weston:
Desnudo.
Ciudad
de
México, 1926.

Tina Modotti, Julio Antonio Mella y Vittorio Vidali
(esquina superior derecha) en el tablero **El arsenal** en **Del Corrido
a la Revolución** (Diego Rivera, SEP, ca. 1927).

Edward Weston: **Jean y Zohmah Charlot**. 1933.

Edward Weston:
Shell. 1927.

Tina Modotti: Murales de José Clemente Orozco
en la Escuela Nacional Preparatoria. Ciudad de México, ca. 1926.

Tina Modotti: **Sección del tablero del trabajo**, ca. 1927.

Tina Modottti: Detalle de *La Trinchera* de José Clemente Orozco.

Tina Modotti: Detalle del San Francisco
de José Clemente Orozco. Ciudad de México, ca. 1928.

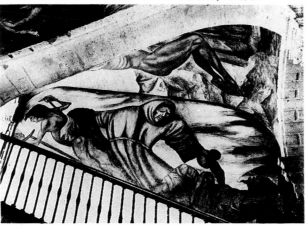

Tina Modotti:
Julio Antonio Mella. Ciudad de México

Tina en las averiguaciones judiciales
a raíz del asesinato de Mella.
(Archivo General de la Nación, México.)

Diego Rivera y Tina Modotti en la reconstrucción del crimen de Mella.
Ciudad de México, 1929.
(Fototeca del Instituto Nacional de Antropología e Historia, Pachuca, Hgo.)

Tina en un acto a la memoria de Mella. Ciudad de México, 1929.
(Archivo General de la Nación, México.)

Tina Modotti: Vista general del patio de la SEP. Ciudad de México, *ca*.1928.

¿No es suficiente que le escribiera con pasión? Hay lectores que no se conforman con eso. Años después, a bordo del barco Edam que la llevó de México hasta Europa, Tina Modotti resumió sus mañanitas mexicanas para uno de los pasajeros sin tocar siquiera esta época. Los diarios de Weston, por su parte, desde luego que no la narran; y en todo caso, citan sus cartas. Sí se sabe que Tina Modotti atendía el estudio fotográfico de ambos, según la publicidad de la revista de Frances Toor; que en muchos días de trabajo y ya sin ayuda siguió haciendo el tipo de retratos entre familiares y artísticos que la gente esperaba de ella y de Weston, y que cuando lo solicitaba algún cliente sacaba los negativos de su maestro e imprimía las copias requeridas. Un día ella se planteó, en serio pero sin éxito, la idea de trabajar en una casa comercial. El gusto le duró medio tiempo. El estudio de Jean Charlot en la calle de Independencia debió juntarla con la misma Toor y Anita Brenner. En tardes de eternos lamentos evocarían la toma que ella hizo del panel de Charlot en el Patio de las Fiestas en la Secretaría de Educación Pública, *Danza de los listones*, efímera obra maestra que el cruel jefe Diego ordenó destruir.[33] Por estos meses Tina Modotti posó para el mural de Rivera en la Escuela de Agricultura de Chapingo. Lupe Marín hizo público el romance entre su esposo el pintor y esta modelo, lo que de ser cierto ambos habían decidido callar, y a Tina la llamó «la camarada compartida».[34] Amigos

---

[33] Milena Koprivitza y Blanca Garduño, *México en la obra de Jean Charlot*, p. 86.
[34] El apodo debió ser anterior a su difusión a través de la novela de Guadalupe Marín, *La única*, Editorial Jalisco, México, 1938.

—como Felipe Teixidor, Luis Quintanilla, Monna Alfau y Rafael Sala, primero, y luego José Quintanilla, Xavier Guerrero y Jean Charlot— la buscaban a toda hora. Dichosas, lentas semanas a oscuras.

También se sabe poco sobre lo que hizo regresar a Weston en agosto de 1925. Expusieron juntos, a su llegada, en el Museo del Estado en Guadalajara. En Jalisco, de hecho, se quedaron unos días. Sin embargo, en la Ciudad de México la vida común volvió a plegarse al uso acordado entre la relativa independencia y la intimidad relativa, si bien Venus y Baco siguieron su morigerado apuro en la casa de Veracruz 42. Como en una broma más bien cruel, ahora le tocó a Weston despedir a su paciente y aventajada discípula. «Después de recibir telegrama que le avisa de la precaria salud de su madre, Tina salió rumbo a San Francisco esta mañana», escribió el 9 de diciembre de 1925. «La casa está tan extrañamente sola».[35] Era la primera vez que ella salía de aquí en dos años y medio.

El viaje propició la oportunidad de tratar a una fotógrafa de atavío desproporcionado y lúdico, Imogen Cunningham. Diez años mayor que Tina, Imogen salió del reparto del *Cymbeline* de Shakespeare y operaba sus herramientas fotográficas sonriente tras delantales pesados como hábitos. Estudió y escribió sobre la fotografía y sus trastos desde puntos de vista que ocultaban sus intereses estéticos en el gusto por, y su experiencia con, la técnica. Su tesis para la Universidad de Washington en Seattle versó sobre los procesos modernos

[35] *The Daybooks of Edward Weston*, vol. I, p. 140.

de la foto, tras la cual estudió la producción alternativa de papeles de platino para tonos pardos en el área de foto-química de la Technische Hochschule de Dresden, Alemania. Al regresar a Seattle montó estudio propio, y tras fugaz y casi anónima visita al santuario que ya era el Estudio 291 de Alfred Stieglitz en Manhattan, Cunningham escribió en 1913 un exhorto de corte feminista, *La fotografía como profesión para mujeres*. Al buscar relevancia femenina al oficio de fotógrafo, hizo de sus trabajos hechos de importancia humana. Cuatro años después de tal manifiesto, instalada en San Francisco, junto a fotógrafos como el holandés errante Johan Hagemeyer, como Weston, pero sobre todo con mujeres puestas a descubrir las posibilidades de la fotografía, Cunningham convirtió la bahía en fuente de imágenes; además, se esmeró por encontrar una manera de hacer distinta para tantas cosas distintas por decir que poblaban su imaginación.

Creadoras de fotos únicas, Cunningham, Consuelo Kanaga y Dorothea Lange, más Henrietta Shore en la pintura, sus trabajos ayudaron a deslindar terrenos imaginativos para la fotografía moderna; la obra de Cunningham se anticipó ocasional pero a veces hasta reiteradamente a los tanteos de Weston, estrella sobresaliente en aquellas noches de San Francisco. Además, esa misma obra entregó a Tina Modotti la preocupación por imágenes puras y detalles nítidos. Más aún, el acento feminista de Cunningham al fin dotó a Modotti de una vocación. La prédica en las naturalezas muertas florales de Modotti se completa en tanteos semejantes, sobre texturas de alcatraces y magnolias, realizados por Hagemeyer, pero primero que nadie por la misma Cunningham. En imágenes así se resolvió una visión vanguardista de la naturaleza.[36]

La *bellissima* Tina Modotti regresó a la Ciudad de México a principios de marzo de 1926. Podría decirse que volvió de California con lo único que pudo empacar al recibir el cable urgente que la requería junto a los suyos sacándola un instante de México: su nueva vocación, la fotografía.

De San Francisco se trajo, además de una Graflex de segunda mano, entusiasmos e intuiciones de sus amigas fotógrafas, más noticias y saludos de los conocidos en Estados Unidos; pero además, por raro que suene, se trajo la extraña decisión de celar a Edward Weston. Esto último, como muchas de las cosas que emprendió, quedó inconcluso. Juntos formaban la sociedad más particular, atados por su confianza en la mayor libertad sexual. Eran bien conocidos en la

[36] Richard Lorenz, *Imogen Cunningham. Ideas without End.* Entre las numerosas aportaciones de este libro cabe destacar ahora la manera en que fotógrafos como Cunningham y Weston, Modotti y Kanaga, atendieron el llamado vanguardista de Alvin Langdon Coburn, quien escribió: «¿Por qué no quitarle a la cámara los grilletes de la representación convencional? ¿Por qué no usar su sutil rapidez para el estudio del movimiento? ¿Por qué no hacer exposiciones sucesivas sobre la misma placa de un objeto en movimiento? ¿Por qué no estudiar la perspectiva desde ángulos hasta hoy eliminados o inobservados? ¿Por qué, pregunto sinceramente, continuar realizando pequeñas tomas comunes clasificables en grupos de paisajes, retratos y estudios corporales? Imagina la alegría de realizar algo que sea difícil de clasificar, ¡de decir si está al derecho o al revés! [...] No creo que hayamos empezado a descubrir las posibilidades de la cámara».

Ciudad de México y casi una leyenda para quienes aun conociendo su estudio fotográfico vivían fuera del secreto, las fantasías y los trabajos de la colonia de artistas mexicanos en la capital. Por esos días obtuvieron el contrato más grande que manejó su pequeño estudio fotográfico: las ilustraciones para el libro de Anita Brenner, *Idols behind Altars*, y que les hizo recorrer los impredecibles caminos de Puebla, Oaxaca, Michoacán y Jalisco entre junio y noviembre de 1926.[37]

Esta tarea se encargó de gastar todo entre ellos.

Weston estaba en lo suyo, en la angustia gozosa entre una foto y la otra. En Michoacán, ante el lago de Pátzcuaro, Weston se fabricó la parodia de una de las imágenes del fotógrafo Hugo Brehme; en Oaxaca se asomó a las inscripciones populares en los santuarios e iglesias cristianos; en Guadalajara le hizo un retrato a la venerable pareja de los esposos Marín —padres de Guadalupe, Federico y María, sus amigos en la capital—, y logró una muy propia versión del fervor por lo enhiesto de sus retratos. Tina Modotti, en cambio, le asistía sin usar demasiado la cámara que se trajo de California. Tal vez ella se hubiera hecho a la idea de que México sería su punto de partida, el lugar adecuado para poner atención y aguardar antes de afanarse en una empre-

---

[37] De este proyecto empezaron a hablar a mediados de abril de 1926. «Hay la posibilidad de que nuestras vidas se llenen de aventura y escenas nuevas», escribió Edward Weston en su diario. «Una proposición de Anita nos podría llevar a Michoacán, Jalisco, Oaxaca y otros puntos. Vivo con esta esperanza, porque detesto esta vida de ciudad y con gusto me iría a cualquier lado, aun a Estados Unidos», *The Daybooks of Edward Weston*, vol. I, p. 156.

sa mucho más personal —como lo hacían todos los personajes de mérito que conocía y frecuentaba desde su época con el pintor Richéy—, sin temor a lo que dijera la gente, a los obstáculos, al error. El caso es que de la expedición tenían que salir cuatrocientas imágenes de retablos, iglesias, antigüedades, artesanías, ídolos prehispánicos, en unas mil quinientas copias en papel, y esto era parte del trabajo de ella. «Al reseñar nuestros viajes y aventuras desde la ventaja de mi cómodo escritorio, pienso que si no hubiera ido con nosostros una mujer, en especial Tina, con el tacto y la simpatía que ella tiene por los indios, una mujer que hiciera parecer menos agresivo al grupo, Brett y yo nunca habríamos terminado el trabajo», escribió Weston en su diario.[38]

La gradual separación de los amantes no tenía arreglo. Todo lo sólido se desvanece en el aire. La historia de ambos se les escapaba también lentamente. Atrás, en el pasado, se quedaban la remodelación de la casa en Tacubaya, las primeras amistades mexicanas, el barullo del cambio a la calle de Lucerna, las exposiciones, luego la mudanza y la instalación del estudio en la casa de Veracruz 42, la divagación de los paseos. «Los años en México influyeron en mi forma de pensar y de vivir», escribió Weston poco antes de dejar México, en septiembre de 1926. «No tanto la relación con mis amigos artistas como la cercanía menos directa de una raza primitiva. Antes de llegar a México me rodeaba la acostumbrada masa de burgueses estadounidenses —veteada por algunos amigos sofisticados—. No sabía nada de la gente sencilla del campo.

[38] *The Daybooks of Edward Weston*, vol. I, p. 175.

Y su expresión me ha vivificado —experimenté el subsue-
lo».[39] No sabemos qué pensaba Tina Modotti. Pero el ánimo
de Weston estaba para emprender más que para recapitular
como en este apunte. Su vida y su manera fotográfica eran
otras; le urgía probarlas. El doctor Sylvanus G. Morley lo había invitado a unirse a los trabajos arqueológicos en Chichén
Itzá para 1927, junto con Jean Charlot. No le importó.[40]

Así son las cosas.

El adiós debía ser definitivo.

Decirle adiós a Tina era despedirse de México. Separarse
de México, perderla.

Unas semanas antes de salir, Weston conoció a una mujer
que le hizo abundar en otro tipo de preparativos.[41] Se conocieron en una fiesta a la que Weston no tenía ganas de ir, y
al día siguiente, haciéndose acompañar por Frances Toor,
ella lo fue a ver. El fotógrafo estaba solo. Un rato hablaron
de la fiesta hasta que Weston, con cualquier pretexto, la llevó al cuarto oscuro. Allí la abrazó por la espalda y enseguida
retomaron la escena de la noche anterior.

---

[39] *The Daybooks of Edward Weston*, vol. I, p. 190, correspondiente a la
entrada del 4 de septiembre de 1926.

[40] «El Dr. Morley, jefe de la expedición Carnegie en Yucatán, me vino a
ver con una carta de presentación de [Jean] Charlot. Me dijo que Jean
había sido para ellos el "hallazgo" del año. Después de que vio mi
obra, me preguntó cuánto cobraría por mis servicios en la siguiente
temporada. Qué rápido habría aceptado si no fuera por mi familia. Hoy
hace casi un año que no estoy con mis hijos», *The Daybooks of
Edward Weston*, vol. I, pp. 158-159, correspondiente a la entrada del 8
de mayo de 1926.

[41] Todo lo relativo a la relación entre Edward Weston y la enigmática
«M.» en *The Daybooks of Edward Weston*, vol. I, pp. 196-202.

—Esto no puede seguir, Edward —dijo ella—. Todos creíamos en la leyenda de Edward y Tina, tú ya te vas de aquí, y yo quisiera seguir creyendo en esa leyenda. La idea era bonita.

Alguno de los dos pateó sin querer una caja con botellas.

—No me voy a comportar como pretendiente tenaz, nunca lo he hecho —dijo él—, eso rara vez vale la pena, pero tú vales de un modo extraordinario.

Ella, para fortuna de Weston, no le creyó una palabra. O le creyó el tiempo suficiente, entre la noche de la fiesta y la mañana del martes 4 de noviembre de 1926 en la que el fotógrafo tomó su tren de salida en la Estación Colonia.

A veces las calles de la capital recuerdan un poco aquellas que todos ellos quisieron.

Tina Modotti gastaba una habitación propia en un quinto piso de la calle de Abraham González y una cámara usada y vivía entre amigos.

La pintura pública fue el arte de su día, el arte que completó sus alfabetizaciones, y entendió lo que le decían su entusiasmo, su integridad, su servidumbre. «El muralismo mexicano es la única aportación americana original moderna dada al mundo por el arte de América», escribió Luis Cardoza y Aragón.[42] Los que vivieron de cerca la obra súbita de este episodio a veces son otros nada más por su accidental coetaneidad. Elegidos de la suerte. Pero quienes trabajaron directamente sobre los muros de la Ciudad de México duran-

---

[42] Luis Cardoza y Aragón, *El río. Novelas de caballería*, p. 501.

te la década de los veinte llegan a donde sea tocados por una marca única.

Una mujer sin país estuvo en esa fiesta. Y decidió vivirla con una intensidad que no siempre aparece en las anécdotas de su larga, amorosa, cruel, primera temporada mexicana.

El comercio de Tina Modotti con ese muralismo mexicano empezó como el de las otras mujeres que singularizaron la empresa. Esto es, empezó nada más por gusto. Fue una modelo —igual que sus compañeras en este episodio plástico y social— bien atenta a dos tipos de indicaciones: las del corazón y las del señor pintor. Pero por otra parte supo ser modelo, contentarse con la pose o actitud requerida, darse al silencio en favor de la elocuencia de otro. Ella, a diferencia de Nahui Olín, María Dolores Asúnsolo, Palma Guillén y Guadalupe Marín, no sólo era extranjera; además tenía la experiencia de la estatua. La más inmediata: en las largas y a veces espontáneas sesiones ante la lente de Edward Weston. Con el fotógrafo en México trabajó a diario, sin perder el resuello en la laboriosidad de ácidos, vidrios y papeles, antes de que se interesaran en ella Jean Charlot y Diego Rivera. Años atrás, hay que tenerlo presente, Tina Modotti posó para Robó, Schröder y Hagemeyer —los buenos ejemplos de su creativo quietismo—. Así es posible reconocer los rasgos acendrados de esta italiana en varias paredes. Diego Rivera la usó al trabajar la Capilla de la Escuela Nacional de Agricultura, en Chapingo, a propósito de *Germinación* y *Tierra virgen*. Luego, en el tablero *El Arsenal* del *Corrido a la Revolución* en las paredes del novísimo edificio de la Secretaría de Educación Pública, la puso a repartir armas a la población a un lado del dirigente comunista cubano Julio Antonio Mella, exiliado en México, y a un lado también de Vittorio Vidali, a quien aquí se conoció como Enea Sormenti.

A estos días, a los del legendario y fugaz romance entre Rivera y Modotti hacia la mitad de la década, haría alusión más adelante uno de los sonetos de *La Diegada* de Salvador Novo.

Tina Modotti subió a los andamios de esa imprevisible creación de unos cuantos y tan distintos y temperamentales alucinados. Más de una vez se acercó a ellos en sus horas hábiles. Vio trabajar a los pintores, conversar al paso con sus asistentes, preparar la superficie de la pared como quien echa tortillas en el comal del almuerzo, reírse de cierto y tambaleante contorsionismo impuesto por la misma arquitectura colonial, esgrimir en un solo puño el final de un trazo. Era común que varias personas trabajaran simultáneamente un fresco. «Los artistas mezclaban a veces la argamasa para los páneles de los otros y los albañiles tomaban las brochas y hacían algunos trazos por su propia cuenta», escribió Anita Brenner.[43] Las peculiaridades de estas escenas debieron resultar inusitadas para los observadores casuales, pues los pintores —o al menos los *otros* pintores— no acostumbraban trabajar ni exponer sus talveces en público. Rivera se vestía como obrero, de overol y paliacate, mientras que José Clemente Orozco llegó a pintar en traje de tres piezas y botines. Entre las numerosas imágenes que sobreviven hay una de Orozco en la parte superior de un andamio, en chale-

---

[43] Anita Brenner, *Ídolos tras los altares*, p. 284.

co y pantalones de casimir a unos centímetros del techo, con algún delantal que se adivina pues la foto lo muestra de espalda, cerca de su cajón de materiales, sentado sobre una tabla cuya aspereza suaviza una cobija, de cara a un trabajo a medio hacer. Tina Modotti tomó esta imagen y para verla mejor habría que tener presente que entonces el muralismo todavía no se llamaba muralismo. Lo común, aun entre los mismos pintores, era hablar de decoraciones al fresco.[44]

Tina Modotti, después de modelar, empezó a hacer fotos de estas pinturas; y su tarea inicial consistió en documentar el bullicio y arrebato de sus creadores. ¿Quién creería empresa tal en el comienzo del siglo XX? La fotógrafa acababa de recorrer, con Weston, algunas zonas del país en la creación del primer testimonio fotográfico importante de algunas profundidades de la cultura nacional. Esta otra tarea debió parecerle pan comido: ilustrar, difundir, documentar. El trabajo se hacía en la misma capital, entre amigos, a un paso de las numerosas, privadas, sedantes señales de la costumbre. Cobraba entre diez y veinte pesos por copia y pruebas. Su trabajo, se pensaba, permitiría cierto nomadismo a los frescos: desprender las imágenes de sus paredes para llevarlas a casa y estudiarlas, primero, pero también difundir las imágenes de esos frescos entre muchos más en otros lugares. Estas fotos, por raro que suene, fueron materia prima de ciertas exposiciones de pintura ——en las páginas de revistas como *Forma*, *Mexican Folkways* y *Transition*, o bien en

[44] Véase, a propósito del término *muralismo*, Esther Acevedo, «Las decoraciones que pasaron a ser revolucionarias», *Nacionalismo en México*, UNAM, 1985.

salones como los de Mme. Sikelianos y Ms. Reed en Nueva York——. Las imágenes representarían a los pintores, no a la fotógrafa, como sucedió muchas veces.

Discípula de Weston a fin de cuentas, por quien aprendió a mirar y a alcanzar el detalle en su mayor definición, ella era la persona indicada para hacer las mejores fotos en blanco y negro de tal policromía. Tal vez la única en la ciudad con un método y pericia impecables. Conocía lo necesario, más que lo exclusivamente elemental, para trabajarlas: *in situ* y sobre el papel fotográfico que ella misma preparaba con el platino de la época. Su prestigio como copista superó al de José María Lupercio y salió de su círculo de amigos. Antonieta Rivas Mercado recurrió a Tina Modotti para promover en Nueva York la pintura de caballete de Manuel Rodríguez Lozano, Abraham Ángel y Julio Castellanos.[45] Walter Pach, el crítico estadounidense de arte, tomó en serio las fotografías de murales que hizo Tina Modotti para la revista *Forma*. Quién sabe cómo adivinaría el crítico la fuerza de Orozco en páginas tan precarias como bien intencionadas. Algo semejante hizo con los trabajos de Rivera, primero para la revista de Frances Toor y luego para la monografía de Ernestine Evans. Sin embargo parece ser que en las superficies de Orozco, el pintor menos afín al temperamento de la fotógrafa, fue en donde su trabajo halló días

---

[45] Al comentar unas fotos tomadas por el pintor Emilio Amero, en carta del 11 de octubre de 1929 a Manuel Rodríguez Lozano, Antonieta Rivas Mercado le dice: «dos tan bien como si fueran de Tina», Luis Mario Schneider (ed.), *Obras completas de Antonieta Rivas Mercado*, p. 388. El dato sobre Lozano, Ángel y Castellanos, p. 392.

sonrientes y ecos más claros y persistentes. Él tuvo sus reservas e inhibiciones. Ella era amiga y partidaria de Rivera, el Mastodonte de las Tortas, en primer lugar. En segundo, no la creía capaz de componer bien. Por este motivo Orozco le pidió a Jean Charlot que dirigiera el trabajo de Tina Modotti al retratar sus murales en la Escuela Nacional Preparatoria. En las cartas que Orozco le envió a Charlot desde Nueva York, sobre todo al final de los años veinte, hay varias indicaciones para la fotógrafa. «La cuestión fotográfica de los muros nos va a ser de primera utilidad, como vas a ver», escribió Orozco el 19 de septiembre de 1928.[46] «En primer lugar van a servir de propaganda y luego para hacer con ellas una exhibición especial en una exposición que los arquitectos de Nueva York hacen anualmente en su edificio magnífico que tienen» escribió Orozco, unos diez días después, a su esposa Margarita Valladares.[47] «Esto conducirá tal vez a la pintura mural en Nueva York». Se sabe que los planes de Orozco se realizaron en su mayor parte; sin embargo, suele olvidarse que las fotos de Tina Modotti sirvieron para ilustrar su primera monografía, *J. C. Orozco*, publicada en inglés, en 1928, con texto de Alma Reed.[48]

Tina Modotti habló con los pintores, los vio reunir sus materiales, preparar escrupulosamente el aplanado de las paredes y dar golpes de color con estropajos, escobillas y

---

[46] José Clemente Orozco, *El artista en Nueva York. Cartas a Jean Charlot, 1925-1929, y tres textos inéditos*, p. 111.
[47] José Clemente Orozco, *Cartas a Margarita*, p. 130.
[48] Véase también el libro de Maricela González Cruz Manjarrez, *Tina Modotti y el muralismo mexicano*.

pinceles, los cuales devenían, al cabo de varios minutos, en las imágenes previstas nada más por ellos. No sin fervor, ella siguió palmo a palmo las paredes de estos creadores. Aunque era más que fervor: bajó de los andamios con una vista nueva y atenta a las maneras de la composición; su gracia la había tocado. No se mira una pintura de Orozco o de Rivera, ni siquiera con la lente de una cámara, sin experimentar un ajuste en la vista. Tal corrección dura lo que se quiera y ella la llevó consigo a las imágenes que le interesó fijar.

El muralismo, al revés de la fotografía, fue para Tina Modotti más que un incidente. La pintura mural era parte de un estilo de vida entre los intelectuales y artistas de esa Ciudad de México. ¿Quién que no fuera no se decía de izquierda e iba en la descubierta? Y su labor en ese terreno, al contrario de lo que sucedió en su cuarto oscuro, se vinculaba a una causa más que a una persona.

De tal cosa no quedó más que una telaraña de historias y ceremonias solemnes.

Esa causa muestra a una muchacha recién llegada a sus treintas en el acto de llevar la cámara a lugares inauditos para ella misma, más que para otros fotógrafos. Traía entre manos una confusión enorme. Ya no sabía, si alguna vez lo supo bien, cuál era el sentido de su trabajo —recrear, documentar, difundir—; así que por principio de cuentas, en sus fotografías empezaron a aparecer los personajes de su causa: los marginados ancestrales de la vida mexicana. Había visto decenas de postales, impresas o distribuidas por la Sonora

News Company —en su local de la esquina de Bolívar y 16 de Septiembre— al modo de la vieja *carte de visite*, con los llamados tipos populares. Estos típicos personajes eran el centro de un gusto que a ella no le interesaba tocar. En cambio, mujeres y niños ocuparon su atención más que nadie. Luego, los hombres en el trabajo y los sin trabajo. Se acercó a ellos, con el candor de la pose o sin él, los fijó en un instante de su exclusión social. O bien trató de atraparlos con su gran cámara de cajón en un momento de su lucha política. La mujer con la bandera, por ejemplo. La asamblea sindical, el congreso del partido. Un día sumó en un fotomontaje un cartel publicitario y un cargador sentado en la banqueta —la peor pieza de oratoria que le dio a su causa—. En otro, recogió la imagen de dos mujeres ebrias a las puertas de una pulquería. Nada más alejado que esto de los temas de Edward Weston. Pero entonces Tina Modotti buscaba las zonas de México que el paso del tiempo y los delirios de la desigualdad volverían profundas. A esta cuerda pertenecen las celebradas —ella les decía estridentistas— composiciones con la canana, la hoz, la mazorca y la guitarra, feliz mezcla de sus primeros conocimientos fotográficos y su ímpetu propagandístico más reciente. La revista *New Masses*, en Estados Unidos, usó en su portada una de estas composiciones.

La misma causa muestra a esta muchacha en las inmediaciones del periódico *El Machete*.

Esta publicación fue registro y parte del delirio del ambiente. Nació el 15 de marzo de 1924 como «una experiencia muy embrionaria de gráfica multiejemplar revolucionaria» (Siqueiros)[49] de la Cooperativa Francisco Xavier Mina y de su organización laboral, el Sindicato de Pintores, Escultores y Grabadores Revolucionarios de México, dirigido al principio por Xavier Guerrero, Diego Rivera y David Alfaro Siqueiros. En semanas devino en una empresa de crítica política que se hizo la ilusión de oasis civil al denunciar crímenes y pecados del gobierno postrevolucionario. La incisiva manía satírica de José Clemente Orozco martilló numerosas imágenes en los primeros meses de esta aventura gráfica.[50] Era tremenda su ansiedad por hacer algo. Impresos a dos tintas, el rojo y el negro, con formato en cuádruplo, sus dibujos y grabados ocupaban páginas enteras sin el deber de ilustrar ningún artículo. Periódico artístico más que documental, al principio su furia fue la de la total perfección, esto es, la del esteta más que la del agitador.

[49] David Alfaro Siqueiros, *Me llamaban el Coronelazo*, p. 219.
[50] En carta del 29 de marzo de 1924, Edward Weston escribió a su esposa Flora: «Ciertamente que aquí nos hemos sumido en un torbellino de comunismo. Casi todos nuestros conocidos participan activamente en actividades revolucionarias y, a diferencia del firme acatamiento del político de EU a nuestra vieja constitución, el gobierno mexicano anima tales actividades [...] Se empezó a publicar el nuevo periódico revolucionario *El Machete*. Conozco en persona a casi todos sus colaboradores y editores, la mayoría de los cuales asiste a nuestras fiestas de los sábados en la noche, y casi todos son artistas», citada por Amy Stark, *op. cit.*, p. 31. Edward Weston escribió sobre las caricaturas de J. C. Orozco: «Sus caricaturas —dibujos espléndidos, en los que no perdona a nadie, ni al capitalista ni al líder revolucionario— eran sátiras punzantes, tan útiles para destruir una "causa", a héroes y villanos por igual, como una metralleta», *The Daybooks of Edward Weston*, vol. I, p. 158, correspondiente a la entrega del 4 de mayo de 1926.

Sin embargo, a los seis meses esta nueva publicación gremial y política, radical y en esencia antigobiernista, se convirtió en el órgano oficial del joven Partido Comunista Mexicano. Aquí se dio un fenómeno singular. Como el periódico no era la obra de un partido, *El Machete* y su programa se encargaron en cierto modo de inventar su partido. Más que de un solo periódico, se trataba de un grupo de creadores alrededor de su propio periódico. Así, sin cambiar el organismo directivo, sin cambiar el formato ni el estilo gráfico, y con la incorporación simultánea de sus directores al Comité Ejecutivo Nacional del PCM, *El Machete* empezó a ser la tribuna de los movimientos campesinos y obreros sin afiliación a la CROM (Confederación Regional Obrera Mexicana), ni a la CGT (Confederación General de Trabajadores). Se vendía bien en Tamaulipas y Nuevo León, Veracruz y el Distrito Federal, Oaxaca y Jalisco. La leyenda cuenta que *El Machete* llegó a tirar hasta cuarenta mil ejemplares, no obstante que nunca logró la deseable solvencia financiera. Es atributo de una leyenda el que en ella se puedan tocar los contrarios. De otra forma habría sido imposible juntar en un mismo espacio —en este caso, en un espacio editorial— a comunistas de muy distintos signos.

Cuesta trabajo identificar el quehacer de la joven italiana en las páginas de esta publicación. Su nombre quedó vinculado a la primera época que conoció *El Machete*, entre 1924 y su clausura a mediados de 1929, lo mismo que a la fértil temporada mexicana de Edward Weston. Unas veces cumpliría rutinas editoriales. Otras, como Rafael Carrillo, Julio Antonio Mella y Hernán Laborde, traduciría materiales. El compromiso de Tina Modotti con la sede mexicana de la Liga Antifascista y los artículos sobre la situación en Italia permiten conjeturar la intensidad de su labor como traductora. Otras más, conseguía ilustraciones. Puede que ella no tuviera el valor para retocar los textos de los corresponsales, aunque sí lo tuvo para retocar e incluso trucar el dramatismo de las fotos que hacía para el periódico.[51] Tina Modotti fue seguramente de los últimos artistas plásticos en incorporarse a las tareas editoriales de la publicación, provenientes de las zonas aledañas al muralismo. Pero fue, casi con seguridad también, quien empezó a producir las imágenes requeridas por *El Machete* del Partido Comunista Mexicano.

A la larga, desde luego, se incorporó al PCM. Formó filas con sus compañeros en todas las luchas de la causa pues sus motivos eran los de la camarada Tina. Trabajó en el Socorro Rojo Internacional, en la presidencia de la sede local de la Liga Antifascista Internacional y para el proyecto de un Comité Manos Fuera de Nicaragua, siempre en las inmediaciones del periódico. Convivió, además, con Xavier Guerrero y Julio Antonio Mella.

Este Guerrero, en la opinión de un contemporáneo, era el tradicionalista en esta avanzada artística y política. Guerrero se decía pintor de paredes, descendiente de pintores de paredes, nacido en Chihuahua pero de origen tolteca; y el

---

[51] Algunos datos más sobre *El Machete* en Humberto Musacchio, «El Marx nuestro de cada día. La prensa de la izquierda mexicana», *Nexos,* no. 54, junio 1982, México. Véase también Esther Cimet Shoijet, *El movimiento muralista mexicano. Una nueva forma de organización de la producción artística.*

procedimiento de pintar al fresco le recordaba ni más ni menos el que se usó en México para pintar las iglesias de la región de Cholula y las cocinas en los estados del interior del país. De ahí que él abogara por el uso de la baba de nopal y colorantes en varios de los muros de la Secretaría de Educación Pública que cubrió Diego Rivera. Guerrero hablaba y escribía sobre herramientas, buscaba y estudiaba los materiales técnicos autóctonos, ubicaba los puntos tradicionales de referencia, era el arqueólogo entre los muralistas, le gustaba recorrer las regiones más distantes del país en pos de los secretos plásticos del pasado, era el obrero y el sabio del grupo, el «temperamento práctico», según el cálido testimonio de Siqueiros.[52] Toda esta vena artesanal, más que nada, debió entusiasmar enormemente a Edward Weston en 1924, al comienzo de su estancia. Con el tiempo, él acabó en el centro de las actividades políticas partidistas.

En *El Machete*, Guerrero diseñó la credencial de los corresponsales. Tina Modotti lo amó desde antes y por otras

---

[52] David Alfaro Siqueiros, *Me llamaban el Coronelazo*, pp. 210-211. A propósito del tradicionalismo de Xavier Guerrero, Octavio Paz escribió lo siguiente: «En realidad, el primer fresco fue el de Ramón Alva de la Canal. Tuvo el buen sentido de escuchar a uno de los albañiles que trabajaban con él y se sirvió de la técnica popular con que se pintaban las pulquerías. Rivera aprovechó más tarde, con talento, esta técnica. Por desgracia, antes de adoptarla, en varios muros de la Secretaría de Educación Publica usó un compuesto de jugo de nopal y colorantes. Fue idea de Xavier Guerrero, según parece. El resultado fue una pifia: al cabo de poco tiempo las pinturas se cubrieron de ampollas y para salvarlas hubo que cubrirlas con una delgada capa de cera». En Octavio Paz, «Repaso en forma de preámbulo», *México en la obra de Octavio Paz. Los privilegios de la vista*, t. III, pp. 21-22.

cosas durante un tiempo hasta que en marzo de 1928, con la expectativa de una separación por tres años, él salió de México con rumbo a la Unión Soviética.

En resumen: Tina Modotti fue, aun antes de llegar aquí, una leyenda que al principio de los años veinte propagó Ricardo Gómez Robelo ——en viva voz y a través de su libro *Sátiros y amores*——. Era una muchacha de gran belleza que vino a México procedente de California, como acompañante de un fotógrafo menos popular que ella, Edward Weston. Su cuerpo lo conocieron todos, como dijo José Vasconcelos, porque modeló y eran disputadas las fotos de sus desnudos. Al principio, y no por mucho tiempo, fue la sombra de Weston. A mediados de la década se vinculó a la vida política del país y modeló también para algunos pintores. Aquí incursionó en la fotografía y acabó por integrarse a los círculos artísticos y políticos de la capital, al contrario del acompañante fotógrafo quien un día regresó a su país. Ella tomó cientos de fotos a los murales. Amó una, varias veces, a los que más quiso: Edward Weston, José Quintanilla, Vittorio Vidali, Xavier Guerrero, Julio Antonio Mella. El rumor añadió los nombres de Ricardo Gómez Robelo y Manuel Hernández Galván a su cuenta de amores y muertos. La sátira infalible de Salvador Novo le añadió el de Diego Rivera, casi en acuerdo con la furia de Guadalupe Marín. Las voces de la ciudad le hicieron una fama venérea.

Su temperamento, en realidad, era epicúreo. De la vida importaban el aquí y ahora. *Carpe diem*. El futuro era silencio, historia infértil. El pasado, un costal de piedras.

El año de 1929, en más de un sentido, fue crucial. Primero porque destrozó por completo una zona reservada a la amistad. Me refiero al espacio de la vida privada de Tina Modotti. En segundo lugar porque redondeó en el poco entendimiento de muchos su pública leyenda tétrica. Y por último, porque fue el comienzo de su breve despedida de México.

Todo empezó en enero, la noche de un jueves frío en la capital del país, cuando dos balas atravesaron el cuerpo de Julio Antonio Mella.[53]

Juntos, Tina Modotti y él salieron de las oficinas del Socorro Rojo Internacional en Isabel la Católica 83. En la calle tomaron rumbos diferentes, con el acuerdo de hallarse más tarde en las oficinas del telégrafo. De origen cubano y de filiación comunista, Mella vivía en la Ciudad de Mexico el horario de su exilio político. Su expediente incluía: el paso por el Colegio Newton de La Habana, en donde fue alumno de un tal Salvador Díaz Mirón que tenía la clase de Historia Universal, la creación en Cuba de la Universidad Popular así como el asalto a la Universidad Nacional, una huelga de hambre de veintitantos días, la filiación con la Liga Antiimperialista, su comisión en el área legal del Socorro Rojo, la fundación de la Asociación de Nuevos Emigrantes Revolucionarios de Cuba. Tenía una mujer en la isla y siete años menos que la Tina Modotti que conoció en México durante las marchas de apoyo a Sacco y Vanzetti, y con la que com-

---

[53] La mayor parte de la información sobre la muerte de Julio Antonio Mella proviene de los periódicos, así como del expediente relativo a su muerte en el Archivo General de la Nación, *Presidentes*, Grupo Documental Emilio Portes Gil, 1/630/811.

partía uno de los departamentos en el quinto piso del Zamora, en Abraham González 31, desde la partida a Moscú del querido camarada Xavier Guerrero.

De las oficinas del telégrafo, en San Juan de Letrán e Independencia, Tina Modotti y Julio Antonio Mella siguieron por la avenida Morelos y doblaron en Abraham González a la izquierda.

La tos de un motor dibujó entonces un callejón en la quietud de la noche; y hacia las nueve y media quebró a sus espaldas un estallido doble que tocó a Mella. La escena terminó del otro lado de la calle, hasta donde corrió el herido antes de caer —como dijo ahí mismo— muerto por la revolución.

Lo que siguió fue el huracán de la prensa. El clima era de linchamiento y nada lo pudo contener. Los agentes de la policía actuaron con laboriosidad de insectos. Y rápido.

Era año electoral en el país. La causa del licenciado José Vasconcelos, el mismo que diez años atrás conversaba su destierro en Los Angeles con Ricardo Gómez Robelo, reunía un número inesperado de creyentes. Igual, aunque en un tono más bajo que el de los *cruzados*, la causa de los flacos y majestuosos comunistas de la Ciudad de Mexico. Así que el asunto de sangre en Abraham González permitió a la policía del Estado acceder con plenitud de facultades a otro tipo de secreto y en el momento oportuno: el de la vida interior de un Partido Comunista que en los últimos meses había visto crecer su alcance junto al ímpetu opositor en contra del innombrable Estado callista. Y por qué no: junto a las varias, crecientes, sordas pugnas en el seno del mismo partido.

Tina Modotti vivía por su cuenta en el edificio Zamora, aunque no por su lado pues se debía cabalmente a las tareas de su causa. Es difícil que a ella le maravillara un departamento que en nuestra experiencia se sanciona con adjetivos superlativos. Su quinto piso tenía espacio para un cuarto oscuro, una habitación propia con estudio, un cuarto más para visitas y una sala de estar amplia y luminosa. Este lugar, desde 1927, era punto de referencia y asamblea a veces permanente, vital a los asuntos partidistas, por lo que se había ido llenando de las distintas convenciones de la hospitalidad política.[54]

Los agentes, desde el principio de la pesquisa, obtuvieron varios trofeos del departamento del Zamora: una pistola calibre .45 obsequio de Xavier Guerrero, los desnudos fotográficos que le hizo Weston en 1924 y una nota de éste, con fecha del 1 de noviembre de 1928, que pasó más o menos inadvertida a la luz de una foto de Julio Antonio Mella desnudo. El cateo reiteró matices, tal vez esencias, de otros cateos. A la foto de Mella se sumó su diario y una requisitoria amorosa, con fecha del 11 de septiembre de 1928, dirigida desde Veracruz a la compañera italiana. Y a un lado, el borrador de una carta de rompimiento que debió recibir

---

[54] El departamento de Tina Modotti hacía las veces de «salón», según Rosendo Gómez Lorenzo en un manuscrito inédito de Vittorio Vidali citado por Christiane Barckhausen-Canale, *Verdad y leyenda de Tina Modotti, op. cit.*, p. 131. El departamento de Valentín Campa, en la calle de San Miguel 119-17, era otro habitual centro de reunión de muchos comunistas, según informe policiaco en el Archivo General de la Nación, *Presidentes*, Grupo Documental Pascual Ortiz Rubio, Exp. Comunistas/Atentado Presidente, no. 1930, fol. 160A.

Xavier Guerrero en el Hotel Lux de Moscú con la firma de Tina Modotti. Los agentes traían poder y línea más allá de la jornada legal. Por los periódicos, todo mundo se enteró del diario, de los desnudos, de las cartas de amor, pero no se dijo una palabra de la pasión de la policía por higienizar ante la vida de Tina Modotti. Los materiales de su trabajo cotidiano, como fotógrafa y redactora, fueron objeto de lento y cuidadoso escrutinio. Las manos de los agentes se llevaron dos cartas familiares, de su madre y de la de Robó, junto con una carta más de la esposa del escritor y sindicalista estadounidense Scott Nearing, y siete cartas más de su hermano Benvenuto Modotti, miembro de la Liga Antifascista y del Partido Comunista en California, y una carta de Xavier Guerrero firmada con seudónimo y fechada en Moscú el 24 de junio de 1928.[55]

A Tina Modotti se le quiso ver con sospecha y como un móvil en este crimen que así perdía cualquier signo político para adquirir la pasamanería de un asunto pasional. De este modo se justificó la incursión judicial al departamento. De la Jefatura de Policía del Distrito Federal salió una parte del botín de los agentes rumbo al *Excélsior* y en las páginas del diario aparecieron cartas y las primeras entregas del diario de Mella. Mientras tanto, los representantes de la justicia infligieron a la presunta inocente el interrogatorio de un auto sacramental.

[55] Las cartas de Edward Weston, Assunta Modotti, Rose Richéy, Grace Nearing y Benvenuto Modotti las halló Christiane Barckhausen-Canale en el Archivo del Instituto de Historia del Movimiento Comunista y de la Revolución Socialista en Cuba. Aunque hasta hoy se ignora cómo llegó

Rudimentaria ficción de justicia. Los interrogatorios que le hicieron a Tina Modotti fueron parte de la comedia de la más rauda y errática averiguación, litigiosos y muy concurridos disimulos.

Diego Rivera y Miguel *El Chamaco* Covarrubias salieron en defensa de su vieja amiga. Entre los dos intentaron protegerla del tratamiento que recibió desde esa primera noche del resto de su vida, detener el juego del extrañamiento civil al que invitaba la prensa. Los alegatos jurídicos en favor de Tina Modotti corrieron a cargo del viejo abogado porfirista José María Lozano.

En medio tan politizado como el de Tina Modotti, celoso y avaro consigo mismo y con el resto del mundo, me pregunto si habría alguien que atendiera los comentarios que salían del «Consultorio del Niño Fidencio»; es decir, de la columna que con ese nombre escribía Salvador Novo en la edición vespertina del *Excélsior*. ¿Por qué fuiste a olvidar la cámara?, preguntó Novo a la enamorada de Mella. «¿No comprendes acaso la claridad que arrojaría un magnesio sobre el caso, Tina? Ya has podido verlo ahora que estás saliendo en los pe-

---

hasta allá esta pequeña colección de documentos, Barckhausen-Canale supone que se trata de los papeles que la policía mexicana confiscó el 11 de enero de 1929. Barckhausen-Canale cita la carta de Guerrero, pero no me explico por qué no la incluyó en esta colección. El texto de la carta de Weston, tal vez la única que se conserva: «Tina querida: Si he sido factor importante en tu vida, es seguro que tú lo has sido en la mía. Cuanto me has dado de hermoso y fino es ya una parte de mí y conmigo va a donde la vida me lleve. ¡No hay que darle más vueltas a esto! Mi amor en ti se amerita–Edward». Véase Barckhausen-Canale, *Verdad y leyenda de Tina Modotti*, pp. 153-156.

ríódicos, los fogonazos impiden a veces hasta la respiración, con mayor razón el disparo». La solidaridad de este apunte de Novo, otro de los personajes retratados por Tina Modotti, alcanzó la marca moral y política de la carta que Rivera y Miguel Covarrubias enviaron al director de *Excélsior*, en protesta por las calumnias, incriminaciones y difamaciones lanzadas desde ahí contra la fotógrafa.

Si tú hubieras salido de paseo con Mella y tu Kodak, y frente a los dos desconocidos, antes que ellos su pistola, hubieras disparado tu cámara, hubiera pasado cualquiera de estas dos buenas cosas. O se asustan y no lo matan, te falla la instantánea, se van todos y quedamos tranquilos, o, ya que el destino lo ordenaba, lo desempadronaron, pero en cuanto tú revelaras tu negativa, la verdad se abriría paso hasta el cerebro de los jueces. Tu clientela crecería enormemente. No que así, ya lo ves, esa negativa verbal no revela nada.[56]

El clima de la hora llevó incluso a Novo a cuestionar la naturaleza del silencio de Tina Modotti: su negativa verbal no revelaba nada, en efecto. ¿Tres o dos pistoleros? ¿Los vio o no? ¿Los conocía? Pero las suspicacias del Niño Fidencio no eran ni exclusivamente políticas ni obligadamente policiacas. En cierto modo la homosexualidad obligó a Novo a conocer lo que era vivir cotidianamente en el secreto, siempre

[56] Niño Fidencio, seudónimo de Salvador Novo, «Consultorio», *Excélsior. Edición de la tarde*, 17 de enero de 1929.

74

bajo la sombra tan fugaz de amorosos eclipses plagados de discreción y promesas que se fracturaban al roce del primer rayo de sol, de suerte que sabía reconocer los deberes del silencio en cualquier parte que los encontrara. Pero la negativa verbal de Tina Modotti tal vez tuviera su explicación en una serie de estruendos recientes en el interior del Partido Comunista Mexicano y su titular, Rafael Carrillo. Este último, de hecho, estaba más bien fastidiado con la «partidita regular» de «amigos que "piensan" y no dicen ni hacen nada o cuando hacen es sin consultar al Partido», como se quejó en carta a sus amigos Bertram y Ella Wolfe.

En el transcurso de unos cuantos días, y con ayuda de muy interesados y hasta antagónicos actores de reparto, como ciertos reporteros de prensa y la misma defensa de los comunistas, Tina Modotti se transformó en la protagonista central de la apasionante escena de las dudas. Para muchos lectores de periódico se volvió realidad en esos días la leyenda de esta muchacha como exquisita *femme fatale* que promovieron más artística que inocentemente Ricardo Gómez Robelo y sus *Sátiros y amores*, tiempo atrás. Todo lo cual ocultó entonces un hecho que desvelaba cuando mucho a una decena de inspirados, esto es: que en las filas del Partido Comunista de México crecían otro tipo de dudas —en cierto modo mucho más acuciantes, angustiosas y sobre todo relevantes para las cabezas visibles de la internacional causa que las domésticas tribulaciones de esta anticuada joven italiana— relacionadas con la lealtad y entereza política de ciertos camaradas que acá simpatizaban con la oposición promovida en el país de los soviets por Lev Trotsky.

De hecho, Carrillo abundó en este sentido en la referida carta a los Wolfe, fechada el 4 de diciembre de 1928:

En cuanto a la expulsión de Cannon, no la esperaba yo tan pronto. Necesitamos cuanto antes la resolución sobre ese bicho y los que le secundan. Es una un cuanto peligrosa [*sic*], que pueden explotar nuestros enemigos. Nosotros la semana pasada tuvimos una cosa parecida aquí: al regreso de Sormenti y Ramírez, pasaron por Cuba y allí vieron durante una semana al CC del PC de Cuba. Éste les entregó una resolución por medio de la cual se pedía que el grupo cubano en México se subordinase al CC del PCM y no escribiese y obrase por su cuenta y riesgo, comprometiendo de una manera verdaderamente criminal a nuestros compañeros que trabajan en Cuba. Nosotros le hicimos saber esta resolución a Mella y sus secuaces y él se desató con furia contra el CC del PCC y contra nosotros enviándonos una renuncia insultante. Nosotros estamos listos a publicar una resolución sobre su caso y circularla por toda la América Latina y EEUU inclusive, pero ayer mismo me hizo llegar una carta arrepentida donde retira la renuncia y promete seguir trabajando en el Partido. Esta misma semana resolveremos el asunto. Sobre esto ya les escribiré más largo. Mella ha tenido siempre «devilidades» [*sic*] trotskistas.[57]

[57] Carta de Rafael Carrillo a Bertram y Ella Wolfe, 4 de diciembre de 1928, Bertram D. Wolfe Papers, caja 4, expediente 11-Correspondence Carrillo, Rafael. Por otra parte, hay una versión detallada de los orígenes de las

Quién iba a decir que el caliente clima político mexicano amparase la identidad de quienes en las propias filas comunistas deseaban la desaparición del carismático dirigente cubano. Y más que sólo desearla, la pudieron haber arreglado, prever y ordenar desde alguna oficina de la Comintern en Moscú —tal y como sospechó el detective Valente Quintana al comienzo de las averiguaciones al apuntar en su carnet el nombre de un tal Enea Sormenti, ojo de hormiga que apareció únicamente por escrito, en carta que envió como secretario de la Liga Antifascista de México a la Liga Pro Luchadores Perseguidos:

Como secretario de la Liga Antifascista de México y representante del Congreso Internacional Antifascista que se efectuará el próximo mes de marzo en Berlín, declaro falsa e idiota la afirmación del señor Magriñat, al afirmar que la señora Tina Modotti puede ser una espía fascista.

Tanto Tina Modotti como su familia son conocidas en el campo antifascista desde que el fascismo nació. Tina Modotti es secretaria del Patronato Italiano México-California, adherido al Comité de Defensa de las Víctimas del Fascismo, del cual es presidente el gran escritor Henri Barbusse. Es secretaria del grupo de Emigrados Políticos en México, adherente al Socorro Rojo Internacional. Los antifascistas todos, que luchan en contra del Machado

---

simpatías trotskistas en las filas del Partido Comunista Mexicano en las primeras páginas del libro de Olivia Gall, *Trotsky en México*.

europeo, Benito Mussolini, afirman su solidaridad a la valiente compañera, calumniada por un canalla.[58]

Pero volvamos a los planes de la Comintern para enfrentar el arrastre político del inspirador verbo de Mella. Pues la urgente necesidad (así como las ventajas inmediatas) de la desaparición de Mella, ítem más el posterior arreglo de su memoria en el lacrimoso martirologio de la lucha comunista, quedaron por escrito en sutil y elocuente carta firmada por el célebre camarada suizo Alfred Stirner antes que en documento alguno signado por el sudoroso puño del Mussolini caribeño, Gerardo Machado —como gritó, dicen, Mella al caer herido de muerte en la segunda calle de Abraham González.[59]

La tarea de Tina Modotti en los siguientes meses consistió en amoldarse a una situación empedrada. El 10 de febrero de 1929, se presentó en un acto político público: la protesta por el asesinato del dirigente cubano, organizada por el Socorro Rojo Internacional, la Liga Antimperialista y un reciente Comité Pro Mella. Ahí se proyectó *Octubre* y un coro ruso ento-

---

[58] La carta de Enea Sormenti en *Excélsior. Edición de la tarde*, 18 de enero, 1929; y Darío Ferrer, «La vida detectivesca de Valente Quintana», *Hoy*, 6 de mayo de 1968.

[59] Para una crónica más detallada del asesinato de Julio Antonio Mella y sus secuelas inmediatas, véase Antonio Saborit, «Política y escándalo. Tina Modotti y el crimen de la calle Abraham González», en *Historias*, 30, Dirección de Estudios Históricos-INAH, abril-septiembre 1993, nueva versión de un escrito que con mismo título apareció en «La Cultura en México», suplemento de *Siempre!*, 27 de abril de 1979.

nó un grueso himno a las víctimas inmortales, para dar tono al acto principal: la presencia en el estrado de Tina Modotti. Poco después, como si se temiera que la pena comprometiese más de la cuenta, Tina Modotti se fue a Oaxaca antes de la estación de las lluvias. Estuvo en Tehuantepec y Juchitán.[60] Allá realizó su última sesión de fotos. Debió dormir con las ventanas abiertas, por primera vez desde el asedio y las inquisiciones policiales, y en tieso catre de lona. Me pregunto si las diosas jóvenes del Istmo, en la intensidad de su paisaje de enramadas, corpiños y atavíos de mariposa, estimularían su arrogancia escasa. Era, a fin de cuentas, una mujer en ese paraíso recuperado.

El cateo al departamento de Tina Modotti afirmó el pulso del gobierno de Emilio Portes Gil. La policía entró y salió del edificio Zamora sin el menor sigilo, tal vez en vano: sin la información confidencial que esperaba hallar en un lugar tan requerido por la alta jerarquía del PCM para sus reuniones. Pero entonces la reserva de los cuadros era clave. Las más de las veces ni se tomaban notas ni hacían falta las agendas. Se sabía lo imprescindible, se memorizaba para olvidar, se preguntaba lo mínimo. Más valía procurar los hábitos del conspirador y ejercitar las pericias del buen soldado Shveik. El fervor tiernísimo de la disciplina y la obediencia podía atenuar sin abolir la angustia de las persecuciones supuestas. La participación de extranjeros en este ímpetu de orden era notoria. Recursos y organizaciones iban también

[60] Andrés Henestrosa dijo haber recibido en 1929 una carta de Tina Modotti proveniente de Juchitán. La carta, dice, la extravió en el interior de un libro, en Oralba Castillo Nájera, *Renato Leduc y sus amigos*, pp. 183-184.

en aumento. La enmienda del espacio político, o bien todo sucedáneo de triunfo sobre el Estado postrevolucionario, aumentaba día tras día el entusiasmo de esta oposición.

El Estado anunció una ofensiva general contra toda organización de izquierda cuando el jefe de las Operaciones Militares del estado de Durango fusiló el 16 de mayo de 1929 a José Guadalupe Rodríguez, exvillista e importante líder campesino norteño, tesorero de la Liga Nacional Campesina, secretario general del Partido Durangueño del Trabajo y jefe de las Defensas Agraristas. Tal anuncio lo confirmó el posterior movimiento de un alfil, el diputado Gonzalo N. Santos, para asestar el 28 de mayo un golpe político al Partido Comunista: el desafuero del diputado Hernán Laborde ——miembro del Comité Ejecutivo del PCM, secretario general de la sección mexicana del Socorro Rojo Internacional y secretario de Organización del Bloque Obrero y Campesino Nacional——. Días más tarde, el 5 de junio, siguió el golpe más dramático: la clausura de las oficinas del Comité Central del Partido Comunista y de la redacción y administración de su «órgano periodístico central», *El Machete*, sin explicación legal ni orden judicial alguna. El secretario general del PCM, Rafael Carrillo, envió una circular a las organizaciones obreras y campesinas para dar a conocer todos y cada uno de estos hechos. «Corren además rumores de que las actividades de nuestra organización serán declaradas fuera de la ley», añadió. Solidaridad y protestas, pedía Carrillo.

Tina Modotti debió participar en la organización de la *Campaña de Reclutamiento Sacco y Vanzetti*: «Contra la reacción y el imperialismo», pensada del 1 de junio al 27 de agosto. También debió estar presente en la Jornada Roja del 1 de agosto, convocada por la Confederación Sindical Unitaria de México. Sin embargo, todo parece indicar que ella no tuvo nada que ver en el plan de los comunistas para asesinar al Presidente electo.

La desaparición del Ingeniero era importante para el desarrollo del comunismo, asentó en declaración Rogelio Teurbe Tolón al jefe del Servicio Confidencial del Presidente electo el 14 de diciembre de 1929. El bienestar del Ingeniero fue asunto de seguridad nacional desde la primavera de 1929, por lo que todo el empeño policial se fue en seguirle la pista a cualquier barrunto de complot. Teurbe Tolón vivía en México desde 1928, fue amigo de Mella, su condiscípulo en la tradicionalmente contestataria Escuela Nacional de Jurisprudencia y su correligionario en la Asociación de Nuevos Emigrados Revolucionarios de Cuba. Sus palabras no sólo sirvieron para tenderle un cerco a Saturnino Ortega Flores, el miembro de la Local de la Juventud Comunista que se comprometió ligera y audazmente a cambiar su vida por la del Presidente electo, sino para dar la voz de alerta entre el conspicuo sigilo de los agentes secretos y confidenciales de México.

El 14 de diciembre se previó clausurar la exposición fotográfica de Tina Modotti, inaugurada el día primero en el vestíbulo de la Universidad Nacional, y ese 14 Saturnino Ortega Flores cayó en manos de la ley.

El nombre de Saturnino Ortega Flores quedó unido al expediente político de la «manifestación tumultuaria comunista» del 20 de marzo anterior —respuesta a la candidatu-

ra de Pascual Ortiz Rubio y la Convención de Querétaro—,
junto a los de varios comunistas apresados aquel día en la capital, como el adolescente José Revueltas. Ortega Flores declaró cuanto sabía o fue capaz de insinuar sobre algunas tareas
del PCM ante el coronel José Manuel Escalante, jefe del Servicio Confidencial del Presidente electo. En un solo año en el
PCM, a los veinte, Ortega Flores ya había pasado por la secretaría general de la Local Juvenil y por la dirección del periódico *Estrella Roja*, al que él rebautizó como *Espartaco*. Luego
del Sexto Congreso Mundial de la Internacional Comunista,
al que asistieron como delegados por México Rafael Carrillo y
Enea Sormenti, el periódico recuperó su nombre y Ortega,
cesado del cargo anterior, quedó como secretario sindical del
Comité Central. Su trabajo era eventual, como plomero en un
establecimiento fijo, lo cual no le impedía realizar todo tipo
de comisiones políticas en el interior de la República. La última comisión, como secretario de «Agi-Pro» de la Local Juvenil, empezó en octubre de 1929 y consistió en repartir cinco
distintos panfletos en los cuarteles en compañía del voceador
Pablo Santa María, Manuel Romo, carpintero, y el estudiante Raúl Monzón. El joven Ortega cuando menos tres veces fue
interrogado en su primera semana en la cárcel. La policía in-
terceptó los mensajes o notas que envió desde ahí y registró su
domicilio. Al fin, Ortega concedió que estuvo presente en una
reunión del Bloque Obrero y Campesino para discutir estrate-
gias con motivo de las elecciones presidenciales y la candidatura del Ingeniero. Y que después de oír a varios oradores,
exaltado e intenso como un estudiante de Jurisprudencia al
que nunca vio arrodillarse en un burdel ante la figura irrom-

pible de una de sus alegres e inocentes empleadas, Ortega sólo propuso eliminar a Ortiz Rubio.

La desaparición imprevista del camarada Ortega alentó algunos de los temores presentidos de David Alfaro Siqueiros —a quien el testimonio del delator Teurbe Tolón mostró en gesto entusiasta al escuchar la proposición de Ortega en la citada reunión del Bloque Obrero y Campesino—; pero Laborde, según el informe manuscrito de un tal Víctor Corona que trabajaba para el servicio secreto de la policía, no vio angustia alguna en esta desaparición.

Víctor Corona se movía a su gusto entre los comunistas y estaba al tanto de todos y cada uno de los domicilios de Laborde y Enea Sormenti. Su palabra de agente sirvió para integrar una lista de presuntos complotistas ardientes en el interior del PCM. Tina Modotti, *¡alas!*, no estaba en la lista. Aun así, como ocurrió en otros casos, el edificio Zamora no se libró de la vigilancia.

Entre los cincuenta comunistas que implicaba esta lista había siete extranjeros que en las últimas semanas de 1929 y al principio de 1930 abandonaron el país por la vía de la deportación. La lista incluía los nombres de ocho mujeres. Pero el único extranjero en la lista que salió del país sin el protocolo especial de la expulsión fue el italiano Vittorio Vidali, alias Sormenti, pues la policía nunca dio con él.

Y llegados a este punto nos parece difícil pasar por alto que once años después, luego del atentado de la madrugada del 24 de mayo de 1940, Lev Trotsky vio en el regreso de Vidali a México un indicio recuperable para explicar el asalto a la casa de la calle Viena y además lo expuso, en un ensayo que publicó el *Excélsior* en varias entregas, como el agente que envió la Unión Soviética a México para realizar la primera purga del Partido Comunista Mexicano en 1929.[61]

Sólo que Vidali, a mediados de 1940, era el Comandante Carlos del 5o. Regimiento antes que el cuadro destacado de la GPU en la España en llamas. Y más aún, el año que la muerte de Mella grabó en la memoria de muchos era entonces parte de una historia tan vieja y tan cálida como lo que hoy nos puede parecer la estación mexicana de Tina Modotti en la década de los veinte. Por lo que una purga entonces parecería descabellada —tanto o más que la posibilidad de hallar a algún infeliz en la azotea de la casa de Veracruz 42—. Por lo que si David Alfaro Siqueiros, el amigo personal de Emilio Portes Gil, le dijo al Escalante del ingeniero Ortiz Rubio que en todos los partidos comunistas ya existía la oposición, ítem más, que «los oposicionistas en México creen que nosotros seguimos una política demasiado agresiva»,[62] entonces algo sucede con la imagen del enviado europeo, Vittorio Vidali: el Enea Sormenti que vio salir juntos a Tina Modotti y Julio Antonio Mella de las oficinas del Socorro Rojo Internacional la noche del jueves 10 de enero de 1929, el fisgón que asoma en el tablero que Rivera bautizó como *El Arsenal*, la figura embozada por su propia sombra en la foto que le hizo Tina Modotti y tal vez el tercer hombre

[61] Lev Trotsky, «Stalin quiere mi muerte» en *Escritos. 1939-1940*, vol. 2, t. XI, pp. 317-338.

[62] El interrogatorio a David Alfaro Siqueiros en el Archivo General de la Nación, *Presidentes*, Grupo Documental Pascual Ortiz Rubio, Exp. Comunistas/Atentado Presidente, no. 1930, Fol. 168A.

en la escena del crimen en la calle Abraham González: el verdadero blanco que buscaba la bala que mató a Mella. Aunque, llegados a esta otra parte, nos parece fácil —y por lo mismo, imprudente— abandonar el relato a la irresistible inercia de una sola y ligera aseveración. Pues cómo saber cuándo y cuánto el pasado transfigura a la imaginación.

O bien, cómo saber cuánto y cuándo la imaginación transfigura al pasado.

A Tina Modotti no se la veía con frecuencia por sus ocupaciones, escribió Monna Alfau a Edward Weston en septiembre de 1929, pues en su opinión todo lo había sacrificado por el Partido Comunista.[63] La exposición de sus fotos a fin de año en cierto sentido contradecía la afirmación de Monna, aunque la verdad es que Tina Modotti llegó agotada a su muestra y fue ocasión para escribir una nota de desolación a su amigo Baltasar Dromundo.

La exposición resultó el último instante de paz.

Los seis tiros de Daniel Flores contra el Cadillac cubierto en el que viajaba Pascual Ortiz Rubio el 5 de febrero de 1930, echaron a andar a los agentes en busca de algo más

[63] La copia de esta carta de Monna Alfau a Edward Weston llegó a mis manos gracias a Elena Poniatowska, quien a su vez la recibió de Amy Stark. Está escrita en inglés y fechada el 18 de septiembre de 1929. «En cierta forma me indigna el modo en que Tina lo sacrificó todo por el maldito Partido Comunista, que no sirve para nada, bola de holgazanes sin oficio ni beneficio, que ni siquiera hacen teoría o estudian a fondo los problemas, sino que son líricos, grillan y hablan todo el tiempo, sin cultura o conocimiento, no quieren estudiar o tener una disciplina o un método», dice Monna Alfau en una parte.

que el solo y pobre diablo que atraparon en el instante. La policía fue sobre locales y casas habitación por los comunistas y vasconcelistas que quiso, y encontrándolos supo cuánto los quería. Los primeros, como nada debían, puesto que Flores no era de los suyos, esperaban que las cosas se aclararían pronto; de modo que el arresto masivo, como observó David Alfaro Siqueiros en uno de los interrogatorios, los agarró literalmente a la puerta.

Las deportaciones de comunistas habían empezado al final del año. El primer embarque se llevó de menos a un lituano, Fayre Solovaichik, y a un rumano, David Halperin. El segundo, que partió en el primer aniversario de la muerte de Julio Antonio Mella, cargó con cinco extranjeros más. Entre ellos: Julio Gómez, conocido también como Julio Ramírez y como Julio Rosovski —a quien la leyenda confundiría con el camarada Evelio Vadillo, figura central y evasiva en estos días de intrigas, en el fondo de su confinamiento siberiano—. Ahora, una vez consumado el atentado, la policía reanudó sus embarques y se afanó especialmente en dar con Enea Sormenti para expulsarlo del país.

Nadie pudo contra sus artes de consumado escapista. Víctor Corona, el agente secreto en quien la policía confiaba para localizarlo, se quedó corto. Tengo la impresión de que la ciudad se convirtió en un pajar que hacía avanzar con torpeza a los perseguidores y que entonces se decidió encarcelar a Tina Modotti con la esperanza de que ella, a través de notas o recados al exterior, indicara el camino a Sormenti. Así que su arresto ocurrió el 7 de febrero y el 13 la enviaron a la Penitenciaría, desde donde trató de comunicarse con su amiga María Doherty, en la Ciudad de México, y con Beatrice Siskind en Nueva York.

Vidali, mientras tanto, se quitaba la identidad de Enea Sormenti. El cambio menos notorio fue en el corte de pelo. Quizá lo podría haber ahorrado. Sin embargo, el cambio más notable fue más veloz que el anterior. Tomó en préstamo el pasaporte del peruano Jacobo H. Zender, presidente del Comité Manos Fuera de Nicaragua.

Vidali quiso imaginar el último arresto de Tina Modotti después de una excursión a Contreras: «A su regreso Tina encontró su casa bloqueada por agentes que entraron a ella e introdujeron el desorden sin encontrar absolutamente nada».[64] La verdad es que Tina Modotti les abrió la puerta a tres agentes y tuvo miedo entonces de que nadie llegara a saber lo que había pasado con ella.

Semanas más tarde, a bordo de un barco carguero, Tina Modotti se alejaba del territorio mexicano —ahora por un litoral distinto—. El Edam, su barco, zarpó de Veracruz el 24 de febrero. Con ella viajaban, en calidad de deportados, Isaak Rosenblum y Johann Windisch. La escala en Tampico fue oportunidad que aprovechó Vidali para salir del país con los documentos del camarada Zender.[65]

Los amigos cruzaron una mirada de inteligencia. Ella, al principio, no lo reconoció.

En Nueva Orleans y La Habana vivió incomunicada. La mayor parte del viaje se dedicó a escribir en su camarote.

[64] Vittorio Vidali, *Retrato de mujer*, p. 15.
[65] Véase Christiane Barckhausen-Canale, *Verdad y leyenda de Tina Modotti*, *op. cit.*, pp. 181-183.

Hasta Europa, mes y medio.

Los años de Tina Modotti en México dieron origen a un puñado de historias que culminan en este tránsito a Europa. Me refiero, desde luego, a su primera temporada mexicana. Sus amigos guardaron estas historias como reliquias de una fe que el tiempo transformó en algo tan privado como las reflexiones de Tina Modotti en el carguero Edam. Un día, en el viaje, ella se puso a contar su vida. En ese momento debió sentir que había salido de Mexico sin pagar su café. Tal vez quiso sacudirse el apremio o el hastío de las últimas semanas sobre la cubierta del Edam y se metió en el bosque de la memoria en busca de la puerilidad de las cosas más cotidianas y simples de su historia. La versión que luego dio Vidali de ese momento comporta una de las pocas verdades a medias realmente habitables entre tantas aparentes razones, verdades supuestas y mentiras verosímiles que debió contar este hombre en su vida. California fue el punto de partida de un relato que él apenas comprendía. Amigos y situaciones resbalaron de su memoria como el agua sobre la piedra. Él nada tenía que ver con ellos pues su historia comenzaba en otro lugar. Así que lo que no era costumbre y resultó augural, como el trato de Tina Modotti con la colonia de artistas californianos, debió pasar y borrarse como la estela del carguero. Igual lo imprevisto y lo insólito. El talento paródico de Robó y la fascinación por las expresiones populares, los laberintos de Weston por disfrutar la compañía de las mujeres y las cobardías germinales de Diego Rivera, el piadoso cristianismo de Jean Charlot, el cáncer mortal de Rafael Sala y los tanteos fotográficos de un muchacho de nombre

Manuel Álvarez Bravo. Las atenciones de los amigos en los últimos días, antes de subir al tren a Tampico. El aroma acre del muelle.

Algo hay de amnesia o estremecimiento en una mujer al momento de confiar los episodios de su historia a un hombre que no la entiende por más esfuerzo. Como si le faltara piso. A alguno de los dos se le escapan las palabras.

Las cartas

Alegría del amor

No puedo evitar un suspiro por mis queridos... amigos... y
por las reuniones en el estudio de Weston y en el de Robó
con la magia del arte, de los exquisitos afines y el sake!
RICARDO GÓMEZ ROBELO a Edward Weston,
México, D. F., 19 de septiembre de 1922

1921-1922: Vivir y morir en Los Angeles
Pequeños papeles de reparto y hasta algunos estelares fija-
ron la actividad diaria de Tina Modotti al comienzo de la
década de los veinte en Los Angeles. Vivía y trabajaba en
compañía de Robó, su marido escritor, esposo plástico.
    La pareja dejó tras de sí una estela efímera como solo
testigo de su vida en matrimonio al pasear por Sunset
Boulevard; con toda seguridad les acuciaban materiales
necesidades diarias, gastos imprevisibles, compromisos a
disgusto, sin incluir en su libro de cuentas las limitacio-
nes por ellos bien conocidas en su propio temperamento
artístico. La población de Los Angeles no tenía raíces ahí,
eran individuos, muy a duras penas una comunidad, y
estaban separados entre sí por la certeza de su soledad.
Lost Angels. *Contaban con un grupo de amigos y cómpli-*
ces, a veces en condiciones semejantes a las de Robó y su

compañera de juego; el gusto y la rutina los juntaban; las distintas aficiones de sus inteligencias añadían luces y novedades a sus pláticas, o bien les tendían refinadas expresiones de la angustia y el miedo, trampas de las que salían con retórica y fiestas tal vez íntimas que se diluían en la madrugada caliente. En la desolación se hicieron de una ética apegada al compromiso total a los afectos personales y al goce estético. La amistad le sirvió a la pareja para dibujar un laberinto en sus vidas, y en el secreto de tan singular laberinto Tina Modotti experimentó el placer de extraviarse, se hizo de las manías del cazador solitario, aprendió a unir y desunir, a distinguir entre un capricho y un deseo verdadero. Un día ella encontró en los pliegues sin comprensión cabal de ese laberinto al fotógrafo Edward Weston y quiso seguirlo, imitar su paso, beberle las palabras; la novedad de este hallazgo, primero, y en seguida la de su relación con Edward Weston le hizo salir del recorrido ordinario de sus pasos. Más aún, la enfrentó a los riesgos de los afectos personales y de los goces estéticos, polos que ordenaban el pensamiento mágico del grupo de amigos; éstos ayudan a apreciar algunas de sus decisiones y aplazamientos. Tina Modotti fue y vino de Robó a Weston por varios meses hasta que uno de los dos —y fue Robó— compró boleto a México.

A EDWARD WESTON[1]

[Los Angeles, California,
abril 25, 1921]
Edward: otra vez he estado leyendo tu carta y como en las
ocasiones anteriores mis ojos se llenan de lágrimas—antes
no me daba cuenta que una simple carta—una simple hoja
de papel—pudiera ser algo tan espiritual—que de ella pudiera emanar tal cantidad de sentimiento—¡Les has dado un
alma! Si pudiera estar contigo a esta hora que tanto me gusta, trataría de decirte cuánta belleza ha entrado últimamente
en mi vida. ¿Cuándo te puedo ir a ver? Espero que me llames.

Una noche después—Todo el día me he embriagado con
el recuerdo de la última noche y su belleza y su locura me
sobrecogen—No tengo más que cerrar los ojos para sentirme, no de nuevo, sino todavía cerca de ti en esa amada oscuridad—con el sabor del vino en los labios y la presión de
tu boca sobre la mía. Qué bello recordar cada uno de los
instantes de nuestras horas juntos—acariciarlas y llevarlas
delicadamente en mí como sueños frágiles y valiosos—y
ahora al escribirte—desde mis sentidos aún vibrantes surge
el deseo ardiente de volver a besar tus ojos y tu boca—mis
labios están ardiendo y todo mi ser lo sacude la intensidad

---

[1] Ésta fue una de las primeras cartas de TM a EW. Él la copió en su diario y Amy Stark la cita al principio del ensayo que ella escribió para
acompañar su edición de las cartas de TM a EW en la revista *The Archive*. La misma carta apareció casi en su totalidad en la primera versión
del libro de Christiane Barckhausen-Canale (Berlín, 1989).

de mi deseo——¿Cómo esperar hasta que nos volvamos a encontrar?

[Sin firma]

A JOHAN HAGEMEYER[2]

[San Francisco, California]
Agosto 21, 1921
Antes que otra cosa, por favor discúlpeme si como me temo escribí incorrectamente su nombre.

El señor Weston me dio la dirección de usted antes de salir (o más bien fui yo quien se la pidió) pues yo tenía ganas de verlo a usted. Él me contó también de los buenos libros y discos que usted tiene (de ahí mi impertinencia).

Sólo voy a estar aquí una semana más, así que en cualquier momento que le sea conveniente, por favor llámeme por teléfono y lo iré a ver. Mi número es Franklin 9566—— como a las 9 de la mañana es la mejor hora.

Tina de Richéy

---

[2] Johan Hagemeyer, holandés radicado en Estados Unidos, amigo de EW. Según Brett, el hijo de EW, «En cierto momento se separaron y su amistad se acabó por una tontería. Johan estaba celoso porque él siempre pensó que él era el gran fotógrafo de la costa occidental. Era un hombre encantador, brillante, de origen holandés, muy *debonair*. Él y papá fueron muy íntimos, en especial durante la Primera Guerra Mundial». En Paul Hill y Thomas Cooper, *Dialogue with Photography*, 1979, p. 213. Amigo también de TM a partir de este encuentro. Mildred Constantine, en la 2ª edición, corregida y aumentada, de su biografía de TM, incluye tres retratos que le hizo Hagemeyer a TM en 1921 ó 1922. Esta carta, junto con las dos siguientes, las incluyó Constantine sin informar sobre su procedencia.

A JOHAN HAGEMEYER

[Los Angeles, California]

Septiembre 17, 1921

Johan: te he escrito como una docena de cartas en mi cabeza pero no he podido ponerlas por escrito. No es porque me falten pensamientos —al revés— fueron tantas y tan profundas las impresiones que se me quedaron de la tarde que pasé contigo que me saturaron la mente. Pero aquí me tienes haciendo un esfuerzo enorme para expresar todo lo que siento sabiendo muy bien que es inútil —porque ni yo misma me puedo contestar con claridad por qué suprimí el enorme deseo que tenía de llamarte otra vez. ¿Fue fuerza de voluntad? ¿O fue cobardía? Tal vez el mismo espíritu me movió entonces, el que llevó a Oscar Wilde a escribir su paradoja. «Sólo hay dos tragedias en este mundo; una consiste en obtener lo que uno desea; la otra consiste en no obtenerlo».[3] La última es la peor—la última es una verdadera tragedia. Y así dejé sin realizar mi deseo de escuchar contigo otra vez la *Nina* de Pergolesi.[4] Desde entonces la he puesto dos veces—nada más dos—pues me da miedo ponerla con más frecuencia—y porque además para oírla ten-

[3] De *El retrato de Dorian Grey*. En español, Santa Teresa planteó esta misma paradoja.

[4] Giovanni Batista Pergolesi (1710-1736), compositor de ópera italiano, no tiene en su cuenta ninguna *Nina*. Es probable que se trate más bien de la ópera de Nicolas-Marie Dalayrac: *Nina, ou la folle par amour* (1786), la obra más sonada de este compositor antes de la Revolución francesa, parodiada más adelante bajo el título *Nina, o sia la pazza per amore* (1789) por el prolífico Giovanni Paisiello (1740-1816).

go que estar sola—completamente sola—para crearme la ilusión de que no estoy sola, ni aquí, sino en el 2616 de la Calle Webster.[5] Ya sea que te vuelva a ver o no, las breves pero intensas horas que pasé contigo son para mí las más hermosas y las viviré con la misma belleza y melancolía de aquel día. Te agradezco la felicidad que me dieron tus libros y tus discos junto con tu agradable compañía. No he visto a tu amigo Edward desde que regresé, pero me pidió que posara otra vez para él antes de irme para México. Eso me dio mucha alegría y me llenó de orgullo. ¡Ay, espero que vuelva a hacer algo muy bueno! Por él—porque por mí no puedo desear nada más sublime que lo que él ha hecho conmigo.

Tina

A Edward Weston[6]

[Los Angeles, California]
1-27-[19]22
Edward: repito tu nombre con ternura una y otra vez—para acercarte en cierto modo a mí en esta noche en la que sola recuerdo...

Anoche—a esta hora tú me leías un libro muy bueno... ¿o bebíamos vino y fumábamos... ¿o ya la oscuridad nos había envuelto y tú... Ah, recordarlo rne emociona al borde del desmayo—dime, a esta hora... ¿me besabas mi seno izquierdo?

[5] Se infiere, aunque Mildred Constantine lo asegura, que se trata de la dirección de Johan Hagemeyer. (N. de Amy Stark.)
[6] Esta carta, sin firma, apareció en el interior de un sobre fechado por EW: «Tina-Enero 27, 1922». (N. de Amy Stark.)

¡Ah! ¡La belleza de todo esto! El vino—los libros—las fotos—la luz de las velas—los ojos para mirarse en ellos—y luego la oscuridad—y los besos.

A veces me parece que no soporto tanta belleza—que ésta me rebasa—y vienen las lágrimas—y la tristeza—pero esa tristeza llega como una bendición y como una nueva forma de belleza—.

Ay, Edward ¡cuánta belleza le has dado a mi vida! Y sabes—hace casi un año de esa tarde—en la que el sake se me cayó en la mano—te acuerdas?[7] —y que escuchamos juntos por primera vez el *Romance* de Sarasate.[8]

Con qué claridad recuerdo cada episodio—Cada uno aparece ante mí con fuerza y vida aunque con toda la vaguedad del sueño y la irrealidad.

Tu carta anterior la tuve debajo de mi cabeza hasta la mañana—¿Fue su leve fragancia la que me despertó? ¿O el espíritu de tus deseos y los míos—que parecían emanar de ella?

Sí—embriagarse de deseos—alcanzar la tirada del de-

---

[7] Aun cuando no se ha determinado la fecha exacta del primer encuentro entre TM y EW, éste debió darse cuando menos en el mes de abril de 1921. (N. de Amy Stark.)

[8] Pablo de Sarasate (1844-1908), violinista originario de Pamplona que alcanzó amplia fama por su virtuosismo. Algunos de sus contemporáneos compusieron especialmente para él y el propio Sarasate compuso más de cincuenta obras. El poeta Juan de Dios Peza llegó a escribir algo sobre él. Anne Sophie Mutter grabó recientemente *Zigeunerweisen* (*Opus* 20, 1878) y *Fantasía de Carmen* (*Opus* 25, 1883) para el sello Deutsche Grammophone (437544-2).

seo—y al mismo tiempo temerlo—demorarlo—esa es la forma suprema del amor.

Ya es muy tarde—y la intensidad de mis sentimientos me ha agotado—el sueño me cierra los ojos pero en mi corazón hay una alegría oculta por todas las cosas que seguirán siendo nuestras.

[Sin firma]

A JOHAN HAGEMEYER[9]

[San Francisco, California]
Abril 7, 1922

Johan: dudé mucho si te debía buscar pues en el programa que hice antes de venir aquí estaba el no ver más que a mi familia. Pero el otro día—a solas—me vino un deseo incontrolable de volver a oír *Nina*. Y eso hice, y al oírla, la agitación de los meses pasados se hacía cada vez más tenue mientras que el recuerdo de cierta tarde volvía a mí con toda la ilusión de la realidad—la tarde en la que por primera vez esa música que sobrecoge el alma se adueñó de mí y me dejó tal vez un poco melancólica pero con el alma enriquecida. Y por todas estas cosas siento el deseo de pasar otra tarde contigo—¿podría repetirse la primera vez? Me temo que no—pero al menos *Nina* sí será la misma. ¿Me podrías mandar una tarjeta y decirme cuándo puedo ir? Aquí estaré hasta Pascua—feliz como estoy en este lugar—aunque ya

---

[9] En marzo de 1922 TM regresó a San Francisco, proveniente de México, a raíz de la muerte de su padre. Robó, su marido, murió el 9 de febrero de ese mismo año en la Ciudad de México.

me anda por irme—este lugar guarda muchos recuerdos—aquí siempre vivo en el pasado, y «La vida», dijo George Moore, «es hermosa en el instante, pero triste cuando miramos atrás».[10] La vida para mí siempre es triste—porque aun en el momento presente siento el pasado. El mío debe ser un espíritu decadente, y al vivir aquí sólo lo fomento—sin embargo—creo que sólo viviendo en el pasado podemos ganarle a la naturaleza—Qué pensarás de todo esto—tal vez podamos comentarlo.

Cordialmente,
Tina Modotti de Richéy

---

[10] George Edward Moore (1873-1958), filósofo inglés, autor de la obra *Principia Ethica*, libro que se convirtió en una suerte de manifiesto para toda una generación de escritores y artistas. Gertrude Himmelfarb, en su ensayo «Una genealogía de la moral: de Clapham a Bloomsbury», señaló lo siguiente: «El corazón del libro [*Principia Ethica*], como lo entendieron ellos, era el último capítulo, *The Ideal*, donde Moore sostenía que la verdad fundamental de la filosofía moral implicaba "estados de consciencia" (no, como decía la filosofía moral tradicional, de conciencia) y que los más altos estados de consciencia eran "los placeres de la relación humana y el goce de los objetos hermosos". Estos eran los únicos "bienes en sí mismos", deseables *puramente por sí*; entre ellos figuraban "*todos* los bienes más nobles, los más nobles *con mucha diferencia*, que podamos imaginar". (La cursiva está así en el original de Moore.) Si Bloomsbury poseía una filosofía, era ésta: un total compromiso con los "afectos personales" y los "goces estéticos". Ésta no era, claro está, la totalidad de la filosofía de Moore. Pero era la parte que atraía a los alumnos subgraduados de Cambridge y a los Apóstoles que más adelante formarían Bloomsbury», en *Matrimonio y moral en la época victoriana y otros ensayos*, pp. 42-43. A juzgar por el apego a los afectos personales y el goce estético en el pequeño círculo artístico de Los Angeles, Moore se abrió camino hasta California.

A Edward Weston[11]

[San Francisco, California,
octubre, 1922]

Observé la negrura de la noche—las casas iluminadas por dentro—los árboles sombríos y misteriosos—Pensaba en ti—en tu viaje—en las adorables cartas que me envías y fue tan intenso el deseo de reclinarme en ti—sufría—lo mejor de mí va hacia ti—Adiós—Adiós, Edward—ojalá que logres todo lo que mereces—pero será posible—tú das tantas cosas—¿cómo podrá pagarte la «Vida»? Sólo te puedo enviar unos cuantos pétalos de rosa y un beso—

[Sin firma]

El libro de Robó[12]

Cuándo, dónde y en qué circunstancias nació Roubaix de l'Abrie Richéy —mejor conocido como Robó entre sus amigos— importará poco al lector de este libro. Tampoco los detalles trágicos de su muerte temprana en la Ciudad de México suscitarán la mitad del interés que en cambio sí provocaría la descripción de su personalidad y ambiciones. Tal vez cierto antepasado, generaciones atrás, a quien uno

---

[11] Ben Maddow, quien tuvo oportunidad de trabajar con los papeles de EW antes que éste destruyera algunos, incluyó esta carta de TM en su libro *Edward Weston. Seventy Photographs*, p. 48.

[12] Texto del «sketch biográfico» que TM colocó después de la introducción de John Cowper Powys a *The Book of Robo / Being a Collection of Verses and Prose Writings by / Roubaix de l'Abrie Richéy*, Los Angeles, 1923.

de los Luises envió desde Francia a las Luisianas, viviera nuevamente la novela de la vida en este joven poeta. ¿Cómo saberlo?

Él pasó su infancia y primera juventud con una hermana más pequeña como compañía y compañera de juego entre los sencillos ambientes de una vida campirana. Solitaria y desolada como fue esa vida para un muchacho despierto precozmente a las sutiles sombras de la existencia, ella no obstante le ayudó a desarrollar su don innato por el refinamiento y la belleza y su comprensión de esas raras substancias que son realidad únicamente para los soñadores y visionarios.

Es fácil imaginarlo: un muchacho con la mirada velada por los sueños, parado de puntas para observar a través de una vieja ventana el cielo gris de un atardecer invernal, subyugado por un vago «algo» que está presente a todas horas para el alma con la sensibilidad suficiente para percibirlo. Y fue sin duda la fuerza subyugante de sus sentidas emociones y de su sensibilidad lo que le hizo volver la vista hacia el arte y dedicarse a él como una salida y como una manera de expresión.

Al crecer su fervor artístico invadió todo su ser y personalidad. Todo él estaba en su personalidad. Alto, esbelto, con rasgos aristocráticos extrañamente finos, él siempre llamó la atención por su sencillo encanto y por sus finos modales. Nunca parte de la multitud, ni tampoco alegre entre ella, cuando mejor estaba era en compañía de unos cuantos amigos íntimos y afines.

Al igual que todas las personas de percepción sensible y

tierna, él se retraía ante la manifestación del menor sentimiento de antagonismo, pero el corazón se le derretía de ternura y alegría y salía lo mejor de sí a la luz cuando encontraba un espíritu amable.

Con la Vida él nunca fue amistoso. La enfrentó con hostilidad y siempre se esmeró por escapar de las realidades de la Vida, para vivir y vivir, pero todo esto sólo en su mente. Por desgracia ¡nunca pasaron esa línea de demarcación! Y aquí fue donde apareció la gran tragedia de su vida: la dificultad para expresarse.

Todos los seres de sentimientos y emociones profundos, en particular todos los artistas —pues a fin de cuentas para qué es el trabajo de un artista si no es la expresión de sus sentimientos y emociones más profundos, las reacciones a sus sensibilidades y pasiones— en particular todos los artistas quienes, cada quien a su modo, enfrentan la misma lucha, comprenderán la tragedia de estas palabras: «la dificultad para expresarse». Y Roubaix de l'Abrie Richéy, soñador y visionario consumado, sufrió amargamente la tragedia de sus inexpresadas emociones.

Lo mismo interesado en escribir que en pintar, pasó de una fase a la otra en distintos momentos de su vida, incapaz de decidir cuál de los dos era el medio de expresión mejor para él.

En otra carta —lo cito de sus cartas, pues de un modo natural ellas contienen auténticos fragmentos de belleza, y además, ¿qué describiría mejor sus afanes que sus propios gritos de desámino y de impotencia?: «El deseo de pintar y escribir se ha adueñado de mí. Un cúmulo de ideas me siguen y claman por nacer—mi cerebro se esmera por dar vida a esas imágenes—vagas, de colores brillantes. Quisiera correr a casa y tomar mi paleta y mis pinceles, teclear en la máquina de escribir; pero de pronto todo se vuelve vago e irreal—el miedo, la duda, se adueña de mí, y me quedo boquiabierto frente a mi lienzo—el papel en la máquina está en blanco, ancho e ingobernable como el desierto—mis sueños se vuelven intangibles. Hace un momento estaban aquí al alcance de la mano, respirando vida—estiro la mano y se han ido!

»Luego los fracasados, los desposeídos que encuentro en la calle, parecen mirarme como si quisieran convencerme de la inutilidad de todos mis esfuerzos. Ay, si tan sólo pudiéramos alcanzar el cielo y rasgar el asfixiante dosel azul. Pero no hacemos más que ponernos tranquilamente nuestra ropa todas las mañanas para podérnosla volver a quitar por la noche.»

Con desinterés emocional hacia el espíritu moderno de esta época, y de este país en particular —en el cual nunca se sintió cómodo pero en el que tenía que vivir, siendo demasiado débil o demasiado desafortunado para lograr lo que quería—, al fin se fue a México, atraído por la belleza y el encanto del pasado que allá aún se asoma.

Allá él encontró un medio más adecuado a su temperamento. Halló simpatía y cariño, pero sólo por un tiempo. La muerte llegó, callada e inexorable, y dejó de existir el 9 de febrero de 1922 para un mundo al cual no pertenecía. Sólo unos cuantos de nosotros que le conocíamos y le amábamos desearíamos que no se hubiera ido.

«Muchos mueren demasiado tarde, y algunos mueren muy temprano», y sin embargo raro suena el precepto——«Muere en el momento preciso»——así habló Zaratustra.

¡Y uno se pregunta! Este infatigable perseguidor de la belleza y del romance, este amante ardiente de las palabras de sonidos hermosos y de los colores exuberantes, este «tejedor de sus sueños», que eran para él su vida y su cruz, ¿moriría en el momento preciso?

Tina Modotti de Richéy
Los Angeles, diciembre, 1922.

EL PLENIPOTENCIARIO[13]

Quiera desde el cielo
Caer sobre Europa,
Botar como una pelota,
Estirar la mano sobre el techo del Kremlin,
Robarme una teja
Y arrojársela al Kaiser.
Sé bueno:
Partiré la Luna en tres partes,
La mayor para ti,
No te la comas rápido.

---

[13] En mayo de 1923, la revista *The Dial* entregó a sus lectores este poema de Tina Modotti de Richéy, advirtiendo además que «en estos momentos vive en el oeste y estudia fotografía».

Los hombres sabios sin estudio

Todo el esplendor de México, aparte, claro, de la naturaleza, está en su pasado; el presente es aquí una artificialidad impuesta, sin el crecimiento crudo y caótico, pero vital y naturalmente en marcha, de las ciudades grandes de Estados Unidos.

Lo cierto es que a pocas horas de camino de la Ciudad de México se pueden encontrar ciudades que están como estaban hace doscientos años o más. En ellas sé bien que la vida sería sencilla, suelta y colorida. Pero cuando me lo pregunto la respuesta es «no», yo no podría llevar esa vida por el tiempo que fuera. Es inevitable que una vez más me jalen el torbellino y la complejidad de lo contemporáneo.

EDWARD WESTON, *The Daybooks*,
junio 27, 1924.

1924-1925 y la casa de la Condesa
El 27 de diciembre de 1924, después de un año y cinco meses de vivir en México con Tina Modotti, Edward Weston regresó a Estados Unidos.

Buena parte de esta temporada fue para él imaginar el regreso. Sobre todo porque su relación con Tina no fue la misma aquí que la que imaginaron juntos en Los

Angeles. El resto es la pedacería sentimental que consignó en su diario.

A finales de julio expiraban sus visas, tanto la propia como la de su hijo Chandler, quien lo acompañó todos estos meses. En un sueño vio la muerte de su amigo y maestro Alfred Stieglitz. Lo cierto es que Weston no paraba de sacar fotos y que tres veces expuso en este año. Durante la Semana Santa, gracias a Federico Marín y Jean Charlot, mostró cuarenta imágenes en una exposición individual en Guadalajara; y en ese mismo mes de abril, pero en la Ciudad de México, junto con Tina participó en la célebre exposición del Café de Nadie. A mediados de mayo, Tina, Edward y Chandler —en compañía de Elisa Ortiz, su sirvienta desde noviembre del año anterior— cambiaron la casa de Lucerna 12, en la Colonia Juárez, por otra en la avenida Veracruz 42, esquina con Tampico, en la Condesa. Éste fue el tercer lugar que compartieron en México. Allí los alcanzó la noticia de la muerte de Ricardo Gómez Robelo, a principios de agosto, el amigo tan querido por Tina y Weston desde el principio de la década. Weston quería estar con sus hijos en California, asomarse a su vieja vida familiar, salirse de México por un rato.

«Estoy contento, no satisfecho, con mis fotos tal como se me muestran desde la pared. No hay duda que he mejorado», escribió Weston en su diario, después de inaugurar el 15 de octubre su exposición en la galería Aztec Land, la segunda en este espacio. «Y luego viene la pregunta, ¿qué sigue? Una exposición es siempre el

clímax de una etapa: una vez expuesta, la foto se convierte definitivamente en parte del pasado de uno mismo; si no se la borra por completo, la foto queda confinada en el portafolio de los viejos amores, a la que a veces se busca con un recuerdo amable y nada más».

A EDWARD WESTON

[México, D. F.]

Diciembre 26 [1924]

Edward: de todas las distintas emociones que siento por ti esta noche ninguna puede expresarse con palabras—He formulado y rechazado mentalmente muchas de las cosas que te quería decir porque al final pensé: «¿De qué sirven las palabras entre Edward y yo? Él me conoce y yo lo conozco y los dos somos fieles el uno al otro». Y eso para mí, Edward, es el logro más valioso que hemos adquirido uno del otro: ¡La lealtad entre nosotros! Voy a portarme como una niña buena ahora que tú no estás, Edward—voy a trabajar duro—y lo voy a hacer por dos motivos: para que estés orgulloso de mí—y para que el tiempo de nuestra separación sea más leve.

Edward—amado—gracias—¡pase lo que pase!

Tina

A EDWARD WESTON

[México, D. F.]

Diciembre 27 [1924]

7 PM

Edward: ansiaba que llegara la noche para encerrarme aquí en nuestro pequeño estudio y escribirte—¡Ay querido!—la soledad de la casa es terrible—y se me vino ya encima con todo y que pasé el día en una especie de sonambulismo—haciéndome a la idea de que nada más habías ido a la ciudad y que regresarías en un rato—sólo que por momentos la verdad cruzaba por mi mente y entonces el dolor y la soledad casi me acababan—Elisa y yo limpiamos toda la casa—y despúes tomé posesión oficial de tu pequeño *cuarto**—me gusta tanto—enmarqué el retrato que te hizo Imogen [Cunningham][1] que siempre me gustó y está colgado en tu cuarto—también el de Robó[2] y el de mi madre—. El gato se acaba de recostar en mi regazo y está inquieto y por lo tanto mi letra es la que sufre las consecuencias—Decidí, *Eduardito*, que será más interesante escribirte a ti en lugar de escribir en mi diario[3] —así que si no es todos los días, cuando tenga tiempo, pondré por escrito mis actividades—y te las enviaré.

En la mañana [Jean] Charlot[4] me acompañó caminando a la casa—qué buen muchacho—¡estuvo tan agradable!

---

* En español. En adelante se señalarán con cursivas las palabras en español.

[1] Imogen Cunningham (1883-1976) fue una figura central en el desarrollo de un estilo fotográfico nacido en el área de la bahía de San Francisco al comienzo de la década de los veinte. La estética prerrafaelita dio a sus imágenes singularidad y fuerza. EW, en muchos sentidos, parece una suerte de discípulo de Cunningham.

[2] EW hizo varios retratos del esposo de TM y de su madre, Assunta Modotti. Tal vez TM tuviera copias de *Roubaix de l'Abrie Richéy with a Chair* y de Assunta Modotti. (N. de Amy Stark.)

[3] Es posible que EW animara a TM para que siguiera su ejemplo de llevar un diario de ideas y actividades en México. Los diarios mexicanos de EW se publicaron como *The Daybooks of Edward Weston*. EW destruyó el manuscrito original de sus diarios mexicanos una vez que los pasó a máquina su amiga Christel Gang, en Los Angeles. Esta copia mecanuscrita está guardada en el Edward Weston Archive del Center for Creative Photography, en la Universidad de Arizona. (N. de Amy Stark.)

[4] Jean Charlot (1898-1979), pintor francés que llegó a México al principio de la década de los veinte. Una figura de gran importancia en la

Revelé tu último trabajo—mañana haré pruebas y me pondré en contacto con el Sr. D.[5]

Luviano me trajo los negativos de [Genaro] Estrada:[6] $18.00 por los dos—quería $18.50—y acuérdate que uno estaba muy mal—Si mañana es un día bonito imprimiré— si no puedo imprimir a lo mejor me voy al concierto de Priori con Frances [Toor][7]—me habló por teléfono para invitarme—Olvidaste: las tijeras, el cepillo para manchas, Chandler [Weston] dejó sus llaves—una es la de sus patines—Me voy a esperar un poco y si tengo otras cosas que mandarte—incluiré éstas.

Hoy por la mañana que llegué a la casa había un telegra-

---

escena cultural mexicana de la misma época. Escribió el libro *El renacimiento del muralismo mexicano, 1920-1925*. A mediados de los años veinte, Charlot se incorporó al equipo del arqueólogo Sylvanus G. Morley.

[5] Fred Davis, editor de la Sonora News Company, paseó a EW y TM y les compró varias de sus fotos. En su jardín creció la palmera que aparece en la fotografía de EW *Palmera Cuernavaca* (1925). (N. de Amy Stark.)

[6] Luviano tal vez fue un retocador de fotografías. TM se refería probablemente al *Gordo* Genaro Estrada (1889-1937), a la sazón subsecretario de Relaciones Exteriores y presidente del PEN en México, la organización internacional de escritores. A Estrada le caracterizaron su gran erudición, su inclín por la historia colonial de México, el cultivo de la amistad, cierto coleccionismo y la generosidad como favorecedor de numerosas actividades culturales.

[7] Frances Toor (1890-1956), editora de la revista *Mexican Folkways*, era parte del grupo de artistas y escritores expatriados al que se unieron EW y TM. Alfonso Reyes escribió en su diario: «Conocí a Miss Frances Toor, escritora enamorada de México, aire y carácter de artista rusa parisiense», en AR, *Diario: 1911-1930*, p. 58.

ma esperándome—era para ti—lo abrí siguiendo tus instrucciones—aquí está.

Ahora que te escribo, te imagino atravesando campos y montañas—lejos y más lejos de aquí—Edward, Edward—por tu tranquilidad yo no debería—tal vez—y sin embargo—para desahogarme tengo que decirte que estoy sola—sola—y que me agobia la ternura al pensar en ti—en tu ser encantador.

Querido—seguramente siempre supe y <u>desde antes de esta noche</u> me di cuenta de <u>lo mucho</u> que significas para mí, y sin embargo, cómo es que sufro desde que te fuiste y me reprocho no haber sabido merecer todas tus maravillas—Querido—escríbeme diciéndome algo sobre esto—dime—por favor—que tal vez no he sido tan mala como me imagino porque Edward de verdad estoy sufriendo muchísimo esta noche—y te extraño—te extraño.

Te seguiré con mis pensamientos—ojalá halles comprensión—y simpatía—en donde quiera que estés—Yo ya tengo que acostarme—y como te prometí ser una niña buena y obediente mientras estés fuera no voy a abrir la ventana de abajo—para que ninguno de los «generales» me pueda ver.

Ruth [Stallsmith][8] estuvo aquí—quería que fuera a comer con ellos—El Dr. Atl[9] iba a estar allí—Fue un buen

[8] Ruth Stallsmith, estadounidense, originaria de Bettisburg, Filadelfia, esposa del poeta y diplomático mexicano Luis Quintanilla y del Valle desde la primavera de 1923. Ew retrató prácticamente a todos los miembros del círculo de amigos y familiares de Luis Quintanilla.
[9] El nombre verdadero del Dr. Atl era Gerardo Murillo (1875-1964). Pintor, filósofo, abogado, vulcanólogo, periodista, historiador. Ew le hizo

detalle de su parte pero muy amablemente le dije que no—
Bu—bu—querido—te beso tiernamente,

Tina

[En el mismo sobre de la carta anterior]
Domingo. Mañana. Diciembre 28 [1924]
Estoy tomando café—lo preparé aquí en el estudio. Cuando
desperté me había olvidado por completo de tu ausencia y por
unos minutos tuve la ilusión de que todavía estabas aquí—
durmiendo en su—(mejor) *tu*—*cuarto*—*Hace unas semanas hicimos los últimos desnudos—¿recuerdas?*

*Muchos besos y muchos recuerdos para ti—Hasta
pronto—Eduardito.*

Tina

P. D. Cuando vayas a ver a la madre de Robó llévale algunas
de mis fotos para que las vea.

El telegrama hacía más pesada la carta así que en lugar
de meterlo—te lo copio—espero que no te importe.

«Flora equivocada Renta pagada hasta febrero También
duplicados Muy importante trabajar sin molestias mes
próximo estropearía eso tus planes Tu respuesta por cobrar
Western Union envía tu dinero Carta insatisfactoria Quiero
saber definitivamente tu regreso. M.»[10]

---

un retrato. En París, para atacar al régimen de Victoriano Huerta, el Dr.
Atl publicó junto con Luis Quintanilla el periódico *La Révolution du
Mexique.*
[10] El telegrama era de Margarethe Mather, quien rentaba el estudio de
EW en Glendale. (N. de Amy Stark.)

A EDWARD WESTON

[México, D. F.]
Diciembre 29 [1924]
«El café de la mañana»
Edward: ayer llegó tu primera carta—no podría explicar con palabras el gusto que me dio porque no esperaba noticias tan pronto—Traje conmigo la querida misiva por todas partes, primero arriba en el estudio—luego aquí abajo—después otra vez arriba y finalmente me la llevé conmigo a la cama—y en cada rato libre la volvía a leer.

Ayer imprimí los dos negativos de [Genaro] Estrada que retocó Luviano—También el negativo de la señorita [Esperanza Velázquez] Bringas[11]—Me fue bien con ellos—en la tarde retoqué los otros dos de E[strada] y quería imprimirlos hoy en la mañana—aunque hasta ahora el día no parece propicio—En la tarde fui caminando a casa de los Sala[12]—gente querida—no me habían venido a ver porque comprendían que prefería estar sola—lo cual les agradezco.

[11] Muy probablemente se trate de Esperanza Velázquez Bringas, figura más o menos familiar en el reparto político-cultural de los años veinte. Una de las primeras mujeres profesionistas: abogada y escritora; empezó a publicar en *El Pueblo* en 1917, y en la misma década de los veinte ocupó la jefatura del Departamento de Bibliotecas de la Secretaría de Educación Pública.

[12] Monserrat Alfau de Sala (1895-1987), conocida por todos como Monna, y el pintor Rafael Sala (*ca.*1895-1927) fueron amigos de EW y TM. Los dos eran españoles pero Monna, a la muerte de Rafael, hizo su vida en México. Ella tradujo, entre otros, a Oscar Wilde. Hacia el final de su vida, según me comentó Elena Poniatowska, decía no recordar muchas cosas de TM.

Todos los Quintanilla me han venido a ver a ratitos——Pepe es encantador con su deseo de ayudar evitando entrometerse en mi actual estado de ánimo——Ha logrado ser una amable presencia abstracta——impersonal——¡eso se lo agradezco mucho![13]

Otra vez volví a abrir esta carta para ti y eliminé el sobre por aquello del correo——Confieso que es tanta mi preocupación por tu situación económica que, conociendo la procedencia, no pude resistir la tentación de leer el contenido——Tú entiendes, querido, que fue algo más que la curiosidad lo que me llevó a hacerlo——Ayer te mandé tu carta——me preocupa mucho que se pueda perder.

Elisa ha sido tan tierna y atenta conmigo en estos días ——la buena muchacha——que insiste en cocinarme infinidad de cosas aunque confieso que comer sola no es agradable. Bueno, querido——ya te tengo que dejar——pero todavía no voy a enviarte ésta——*después te digo más.*

Besos——besos——.[14]

---

[13] Luis Quintanilla y del Valle (1900-1980), poeta, dramaturgo y diplomático, miembro del grupo estridentista. Lourdes Quintanilla Obregón reunió su *Obra poética* (Domés, 1986). Amigo íntimo de TM y EW. Nació y creció en Francia y casó con Ruth Stallsmith, y después con Sara Cordero. En la década de los veinte, LQ editó los libros *Avión* y *Radio* y presentó aquí el teatro Chauve Souris: Teatro del Murciélago. Dedicó su libro *Estación KT* (1934) a la memoria de su hermano José, muerto en Suiza el 15 de febrero de 1931, consumido por la tuberculosis. Según Felipe Teixidor, en entrevista a Claudia Canales en el Archivo de la Palabra (INAH), Pepe Quintanilla y TM se amaron.

[14] «Besos—besos—», en el original dice *«Book—book»*, lo cual era evidentemente parte del vocabulario íntimo que inventaron EW y TM para sus conversaciones privadas. Parece que se traduce como «beso, beso»,

Mismo día—en la tarde—Imposible imprimir hoy—nublado—así que me salí a dar una vuelta: regresó el Ídolo[15] y otra vez está vigilando el estudio desde lo alto del escritorio—No tuve problemas para hacerlo que se metiera y si lo quisieras por allá estoy segura de que podría enviártelo.

Fui a Kodak Mex. y tuve una «seria» conversación con el amigo Buttrick sobre cuál papel podía usar yo—Finalmente me convenció de que me llevara Artura Aeyis [¿Iris?] que espero sirva para la orden de Bringas.[16]

¿Te interesa todo esto? A lo mejor no debería llenar mi carta con tantos detalles. Voy a terminar como «Vocio»[17] si sigo así—¿no crees? Sabes, querido—a veces—en la noche entro a tu cuarto en la oscuridad y trato de imaginar que estás ahí—acostado en la cama—¡y es tan placentera esta ilusión! Si tan sólo me durara todo el tiempo. El domingo el

---

y pudo derivarse de las palabras para boca (*bocca*) o beso (*bacio*). (N. de Amy Stark.)

[15] No se ha podido determinar lo que era este «Ídolo», pero pudo tratarse de un juguete hecho a mano que EW guardaba. (N. de Amy Stark.) O de un gato.

[16] En 1900, Artura Paper Company sacó un papel para impresiones notable pues ni manchaba ni se hinchaba. Esta compañía llegó a acaparar una porción tan importante del mercado que Eastman Kodak la compró en 1909 y Defender en 1921. Desde mediados de los años veinte y hasta los treinta, la compañía produjo el Artura Iris, un papel lento, de clorhidro, que se usaba para los retratos fotográficos. (N. de Amy Stark.)

[17] Según Amy Stark, con «Vocio» TM tal vez se refiriera a Vocha, amiga de EW, TM y el bailarín Ramiel McGehee (*ca*.1885-*ca*.1940), a quien vuelve a mencionar en otra carta. Margaret Hooks, por otra parte, sostiene que «Vocio» era la madre de Robó, Rose Richéy, apodo que mereció de su nuera por parlanchina.

organillo tocó debajo de nuestra ventana—apenas pude resistir su triste música llena de recuerdos.[18]

Continúo siguiéndote mentalmente en tu viaje—estoy ansiosa por saber cómo hallaste las cosas—Te deseo lo mejor—y muchos muchos besos—beso—. Buenas noches.

[Sin firma]

A EDWARD WESTON

[México, D. F.]
Diciembre 30 [1924]
8 en punto de la noche.
Queridísimo: acabo de regresar del centro—Le mandé las pruebas al señor [Fred] Davis que le gustaron mucho—Yo creo que me va a pedir unas tres o cuatro a juzgar por su conversación—Sin embargo no se habló sobre la cuenta pendiente y no me pareció correcto que yo fuera la primera en mencionarlo. Estuvo amable y cordial, como siempre.

Hoy terminé de imprimir la orden de [Genaro] Estrada y mañana se la voy a mandar—por medio de Luis [Quintanilla]—Qué alivio voy a sentir cuando haya salido la or-

---

[18] Dudo que un organillero llegara por entonces hasta la esquina de la avenida Veracruz y Durango. La *ciudad*, como dice TM en la carta del 27 de diciembre de 1924, quedaba a cierta distancia de allí. En cambio, los elementos de este apunte –la ventana, la música triste del organillo, la mujer sola en la casa– recuerdan un pasaje de un cuento de James Joyce, «Evelyn», incluido en *Dubliners*. Supongo que la afición de TM y EW por Joyce bien los pudo poner en contacto con este libro. De haber sido así, no me parece imposible que TM quisiera acomodar su abandono vesperal junto al de la escéptica heroína del cuento de Joyce.

den y tengamos el dinero en la bolsa——Estoy bastante orgullosa de las impresiones——sé perfectamente que no les encontrarás muchos errores——ay, Edward——cómo me siento «atorada» e importante imprimiendo platinos ——aunque no sean míos.

Saqué el retrato de la hermana de [Jorge Juan] Crespo[19] para la señora Creed junto con un grueso paquete de cartas ——Todavía no voy con Rubicek[20] ——primero tengo que juntar el suficiente «espíritu de lucha»——aunque mi intención no sea usarlo——pero debo de estar preparada para lo peor.

Había prometido ir a ver a Frances [Toor] así que hoy en la tarde me detuve en su casa——¿Qué crees que le vi en su librero? El *Ulysses*[21] ——una edición diferente a la de los

---

[19] Jorge Juan Crespo de la Serna (1887-1978), historiador y diplomático de carrera. Junto con María Dolores Asúnsolo, Palma Guillén, Nahui Olín y Guadalupe Rivas Cacho, Julieta Crespo fue una de las modelos que usó Diego Rivera en sus murales de la Escuela Preparatoria. La señora Creed, clienta no identificada, que bien puede ser Creel y no Creed.
[20] Rubicek era el dueño de la galería Aztec Land. EW lo registra en sus diarios como «Roubisec». (N. de Amy Stark.)
[21] James Joyce publicó varios fragmentos de *Ulysses* en *The Little Review*, entre 1918 y 1920, hasta que esa obra fue acusada de obscena. Sylvia Beach, de Shakespeare & Co. en París, hizo una edición privada del manuscrito a principios de 1922. Las autoridades aduanales de Estados Unidos confiscaron e incineraron los ejemplares que llegaron y el libro vivió clandestinamente.
Cyril Connolly habló de una generación *Ulysses*, en plena década de los veinte, para decir así el propagado culto a Joyce en escritores ansiosos por experimentar con las formas literarias.
Según Amy Stark, EW estuvo suscrito a *The Little Review* de 1916 a 1926. Dice ella: «Aunque EW no tenía mucho interés por la literatura de vanguardia que se publicaba ahí, *Ulises* les llamó la atención a él y a

Rubicek—alguien se la había prestado—un día de estos voy a tener ese libro—Si todo te salió bien, hoy en la noche debiste haber llegado a L.[Los] A.[Angeles]—Cómo estuve pensando en tu viaje y tratando de seguirlo—Te deseo lo mejor—Edward—También Elisa me pide que no te olvides de ella.

Tina

TM. Puede ser que EW y TM se sintieran atraídos por los rasgos ópticos de la prosa de Joyce, lo cual incluía un estilo radicalmente nuevo de descripción no-subjetiva. "¿Qué había en el primer cajón abierto?", en el que Joyce se despacha página y media para describir el contenido del cajón [...] EW y TM trataron de conseguir un ejemplar del *Ulises* durante 1924; de hecho, en abril, le vieron un ejemplar a Rubicek. En su momento, una íntima amiga de EW, Miriam Lerner, les envió un ejemplar desde París. El diario consigna que para la Navidad de 1925 había llegado un ejemplar. Más adelante, en las cartas de TM nos enteramos de lo que batalló para vender un ejemplar extra en San Francisco, pues para entonces eran tantos los ejemplares en el mercado negro que no había demanda para el que ella traía».

La admiración por el *Ulises* llamó numerosas puertas en la comunidad del arte. EW y TM, por ejemplo. Tal vez Modotti no reconoció en *Ulises* un libro divertido, como decía Connolly; pero algunas de sus fotos muestran en cambio que sí vio el aliento simbólico en la imagen del espejo y la navaja de afeitar en cruz sobre un pocillo, en la primera frase de la novela. Algún día alguien dilucidará por qué motivo una revista de izquierda como *Ruta* sacó un fragmento de *Ulises*, en versión de A. Zamora, en marzo de 1938 —once o doce años después de las fotos emblemáticas de Modotti sobre las cruces que armó con mazorcas, cananas y hoces, sobre la caja de una guitarra o fondos más neutros. Como Jorge Luis Borges en Argentina, en México, al menos durante los años veinte, Salvador Novo fue eco de las aventuras formales de James Joyce.

Bastante más atento que el pobre director de *Ruta*, José Mancisidor, Novo publicó en *El Universal Ilustrado* una crónica de viaje en marzo

[Nota al margen]
Diciembre 31 [1924]
En la mañana
Anoche—como a las 10:30 llegó tu telegrama—Elisa y yo estábamos dormidas pero cuando sonó el timbre supe exactamente lo que era—Lo leí una y otra vez y luego me

---

de 1927. «Dear Editor», le decía a Carlos Noriega Hope: «Le mando lo último que he escrito. Una impresión de viaje en auto de Puebla a México (viceversa) en compañía de John Dos Passos —el ilustre autor de *Manhattan Transfer*, a quien nadie le hizo caso en este México que él quiere tanto, pero al que no llegan sus numerosos y buenos libros— y de otras personas que aparecen en el Kodak que también le envío. Reconozco que esto está un poquito joyceano, pero creo que no obste. Saludos muy afectuosos de Salvador Novo». En mayo, el mismo Novo y su amigo y condiscípulo Xavier Villaurrutia echaron a andar *Ulises*, cuyo subtítulo advertía: *Revista de curiosidad y crítica*. José Vasconcelos, quien a diferencia de Novo y XV es sinónimo de pretenciosa erudición clásica y funge historiográficamente como caudillo cultural de la década, le impuso un giro peculiar al título de esa revista al emplearlo en el primer tomo de sus memorias. Acaso el nombre de la revista señala una navegación menos homérica y más modernista: *Ulises* cabeceó su entrega de octubre con una frase de Joyce y en el número de noviembre reprodujo cinco poemas de *Poems Penyeach*. Datos así son menos que banales. No lo es que en México aparecieran las primeras traducciones de algunos cuentos de Joyce, en la *Revista de Revistas* de 1928. Por otra parte, Efraín González Luna tradujo un fragmento de *Ulises* para *Bandera de Provincias*, mismo que se publicó en el número de la primera quincena de septiembre de 1929. Los editores de esta publicación quincenal de cultura señalaron, sin decir nombres, que en México sólo cuatro literatos habían podido leer esta obra de Joyce. Ante nuevos cánones y modas culturales, datos así comportan «una nómina de honor; una lima clandestina para un prisionero; un hogar», como dijo Connolly en su agradecible más-que-manual *Cien libros clave del movimiento moderno, 1880-1950*.

regresé a la cama con el telegrama en la almohada cerca de mi cara.

UN TESTAMENTO[22]

Yo—Tina Modotti—declaro—que a mi muerte—Edward Weston—reciba todas mis pertenencias personales —muebles—libros—fotografías—etc. Todo y todo el equipo fotográfico—lentes—cámaras, etcétera.

Él podrá conservar para sí cuanto desee y distribuir el resto entre mi familia y amigos—Aquí mismo expreso también mi deseo de que se incinere mi cuerpo.

Tina Modotti
Diciembre-1924
México-D. F.

A EDWARD WESTON

[México, D. F.]
Enero 1 [1925]
«En *casa* de los Sala» [Monna y Rafael Sala]
Eduardito: aquí estamos hablando de ti y preguntándonos qué estarás haciendo. Yo dije que en estos días te imaginaba rodeado de tus hijos y respondiéndoles todo tipo de preguntas.

[22] El texto original de este testamento aparece, en reproducción facsimilar, en el libro editado por Valentina Agostinis, *Tina Modotti: Gli anni luminosi*.

Al escribirte oigo a Felipe [Teixidor][23] que dice: «*Si yo tendría fe me haría fraile*». A lo cual Nahui [Olín][24] —quien también está aquí— respondió no sé qué cosa. Todos quieren escribirte algo así que adiós, *Eduardito*, y te deseo lo mejor.

Tina

[Con letra de Monna Sala]
Querido «Eddy»: ¡cómo nos acordamos de ti! Estamos planeando una nueva excursión y ya te extrañamos. Esperamos que estés de regreso en 2 (dos) meses. No nos falles. Muchos abrazos. Y besos y cosas de Monna.

[Con letra de Nahui Olín]
Eddy feliz navidad —feliz feliz año nuevo— y vuelve Pronto, adiós.

Nahui Olín

[23] Felipe Teixidor (1895-1980), historiador y editor de origen español, en México desde 1919. A la muerte de Rafael Sala, FT casó con Monserrat Alfau, con quien tuvo un hijo, Antonio. Su nombre está ligado a los mejores momentos de la Editorial Porrúa para la que preparó una gran cantidad de títulos en las distintas colecciones que él dirigió.
[24] Nahui Olín (Carmen Mondragón), hija del general porfirista Manuel Mondragón, esposa del pintor Manuel Rodríguez Lozano, con quien vivió algunos años en París. Vivió, algún tiempo, con el Doctor Atl y, luego, con Matías Santoyo, caricaturista. Sus contemporáneos le crearon una leyenda cargada de sexualidad. A lo largo de la década de los veinte publicó varios libros de poesía –como *Óptica cerebral* (1922) y *Dix ans sur mon pupitre* (1924)–, hoy inconseguibles. Nahui Olín posó muchas veces para el fotógrafo Antonio Garduño, desnudos casi siempre. Fue maestra de dibujo. Murió sola y en la miseria el 23 de enero de 1978.

[Con letra de Felipe Teixidor]
Querido Eduardo: estamos comiendo camarones—you remember?—*camarones con* mustard *y después un poco de «chartreus»* —Estamos «sorry's» *porque Eduardo no está entre nosotros en este primer día del año nuevo—Hasta pronto Eduardo,*

Felipe

[Con letra de Rafael Sala]
Querido Edward: feliz año nuevo y—vino [Dibujo de una copa de vino] *Prosit.* Todos lloran por ti—Regresa pronto [Dibujo de un volcán] Popo[catépetl] Iztaczíhuatl. [Dibujo de una montaña] [Dibujo de un agave] Pulque y después borrachito [Caricatura de un borracho] Bueno, adiós!!! Regresa pronto. Mándame timbres [Dibujo de un timbre postal]

Rafael

[En la parte baja de la carta alguien dibujó las elaboradas firmas de Peggy, Trini y Xóchitl, los tres perros de los Sala.]

A EDWARD WESTON

[México, D. F.]
Abril 2 [1925]
Mañana
No. 36
Bueno, Edward, espero que te burles de mí—yo misma ya lo hice—y eso harás a menos que estés muy melancólico:

trabajé medio tiempo[25] —cinco horas— me refiero a la primera mañana y cuando salí a casa para almorzar me di cuenta de que no podía volver—así que en lugar de regresar en la tarde le hablé por teléfono a G. [Ettore Guastaroba] quien reconozco que se portó decentísimo conmigo—Tal vez yo sea absolutamente ridícula Edward—una cobarde y lo que tú quieras pero yo tenía que renunciar—no tengo otras razones en mi defensa más que durante mi primera mañana de trabajo sentí una protesta de parte de todo mi ser—fue algo intuitivo—no razonado—no me permití razonar porque entonces a lo mejor hubiera luchado contra mi instinto—lo sé—lo sé—lo debí pensar y saberlo desde antes—claro que tuve tiempo—y no me había hecho ilusiones en cuanto al trabajo[26] —Y sin embargo, hasta que empecé a hacerlo, el miedo se apoderó de mí—miedo a que no valiera la pena la forma en que estaba sacrificando mi tiempo—el trabajo no resultó peor de lo que yo me imaginaba—así que no fue eso—fue algo más vago y más profundo—las cinco horas del turno matutino fueron toda una tortura—de no haber sido por la otra ayudante en la tienda me hubiera salido en la mañana—pero apenas salí—supe

---

[25] Ew le escribió el 19 de marzo de 1925 a Johan Hagemeyer: «Carta de Tina. Comienza a trabajar el 1 de abril por $250 mensuales—claro que estoy triste, pero...» Las entradas del estudio no podían ser mayores ya que por esta época TM y EW vendían las impresiones entre 50 centavos y 8 dólares. (N. de Amy Stark.)

[26] EW menciona de paso a Guastaroba en su diario. Ettore Guastaroba fungió en 1928 como encargado de las suscripciones y la publicidad de la revista *Forma. Revista de artes plásticas*, desde la Agencia Columbia, en Capuchinas y San Juan de Letrán.

que era libre y que no regresaría nunca—Ay, querido, me sirvió haber pasado esta prueba—esta mañana de sufrimiento—porque ahora valoro mucho más mi libertad—mi tiempo—mi vida—todo. Estoy tan embriagada con esta maravillosa sensación de libertad—sé, mi amor, que me hice tonta—es tan infantil haberme esperado hasta que empecé a trabajar para darme cuenta de que eso era imposible, pero así es y que se ría de mí quien quiera—yo misma me río—sobre todo porque estoy tan feliz—¡tan libre! Bueno ¿y ahora qué me queda?

Esto: una pasión nueva—un nuevo entusiasmo para retomar la fotografía—para arreglármelas para vivir con algo que no sean las tediosas nueve horas dedicadas a la Casa Guastaroba—Emociónate conmigo, querido—y no te preocupes por mí—yo no tengo miedo—no me preocupo.

Anoche vi a los Sala—son buenos—me dijeron que cuando yo anuncié mi propósito de trabajar se preocuparon por mí y sin embargo no dijeron nada para no desanimarme—porque añadieron que «¿qué me podían ofrecer ellos a cambio si me quitaban mi buena voluntad?» Ay, querido—cómo me gustaría que estuvieras aquí—los Sala se van en tres días a Ameca Meca[27] en Semana Santa—allí hay importantes festivales regionales en esos días. Quiero irme con ellos—ellos insisten—¿pero cómo puede estar completo el grupo sin ti?

[27] A unos 65 km del centro de la Ciudad de México, al pie del Popocatépetl e Iztaccíhuatl, Amecameca era entonces un lugar sumamente requerido tanto por los turistas como por los peregrinos que acudían a su santuario en Semana Santa y Día de Muertos.

Te escribo rápido esta carta—quiero que las <u>buenas noticias</u> te lleguen lo más pronto posible—que te emociones conmigo—así que *hasta luego Eduardito* y ¡ah! muchos besos, besos para ti.

(Una feliz y <u>libre</u> Tina)

(feliz porque ella es libre)

[Sin firma]

A EDWARD WESTON

[México, D. F.]

Abril 11 [1925]

En casa de los Sala—Al regreso de «*Los Remedios*»[28] —sólo fuimos Monna [y] Rafael [Sala]—Felipe [Teixidor] no pudo—Ni siquiera mi ya famosa «ensalada de papas» le resultó lo suficientemente tentadora—Mi opinión sobre la falta de entusiasmo de Felipe para las excursiones estoy segura que tiene que ver con cierto amorío que él se trae. ¿Crees que no Edward? Felipe anda coqueteando—con una *señorita* que vive enfrente—Hasta ahora el asunto no ha pasado de las miradas ardientes ¿pero quién puede saber hasta dónde llegará esto?—Te mantendré informado—Ya te escribí sobre lo de la enfermedad de Peggy—la querida y *simpática* Peggy—Ahora ya está mejor pero Xóchitl está

---

[28] El santuario de Los Remedios está a unos 20 km del centro de la Ciudad de México, hacia el occidente. La iglesia, así como el acueducto, eran las atracciones del lugar para turistas y creyentes; entonces la salida era por el rumbo de Tacuba, según las especificaciones de la guía de Frances Toor.

enferma de gravedad——y hace unos dos o tres días se les desapareció a los Sala su lindo gato negro——Ya te imaginarás lo que significa todo esto para los Sala——Edward, me tocó sacar la foto del grupo——que en este caso se reducía a una pareja——¡qué triste! También tuve la osadía de tratar de sacar el acueducto[29] imitando tus exitosos negativos——pero hoy había sol——a lo mejor por ahí puedo competir contigo——Les dejo espacio a los otros——así que adiós, *Eduardito*——hasta pronto.

[Con letra de Monna Sala]
Querido Eddy: Tina ya te cuenta todas las emocionantes nuevas. De seguro ya sabes lo de nuestro fracasado viaje a Amecameca, de veras parece que desde que te fuiste de Mex. no podemos hacer una buena excursión. Me apena no haber contestado antes tu hermosa carta pero prometo escribirte una carta larga. Tengo que dejarles espacio a los demás. Mucho amor y <u>besos</u> y todo a mi querido Eddito, de parte de Monna.

[Con letra de Rafael Sala]
Querido Edward: ¿Qué diablos haces en California? ¿Por qué no te regresas a México? Nos divertimos muchísimo con Tina y con todo——Sabes que hace dos días encontramos una

---

[29] Ew fotografió el acueducto en 1924. Este acontecimiento lo registró en su diario el 22 de septiembre y después en una carta a su esposa Flora Weston: «Nos llevaron... al "Santuario de Nuestra Señora de los Remedios"–la visita más interesante no era la iglesia, sino el viejo acueducto con sus curiosas torres como las de Babel que construyeron los

hermosa máscara indígena realizada en diorita. [Dibujo de la máscara] Bueno, Edward, si no vienes pronto ésta será la última carta que te escriba.

No te escribo más porque mi inglés me lo impide.

Adiós querido Eddy.

Sinceramente, Rafael.

[Con letra de Felipe Teixidor]
Querido Edward: Mi coqueteo es encantadora. Mi *flapper* es muy amable, pero Xóchitl y Peggy están «casi» del otro lado——. ¡Mi coqueteo no es encantadora!

Felipe

[Con letra de Tina Modotti]
Lo que te escribió Felipe en inglés lo hizo él solo——pero hay algo que te quiero explicar mejor: lo que te quiso decir es que por culpa de Xóchitl y la enfermedad de Peggy su coqueteo fracasó y no resultó «encantador»—— ahora escribo desde la Ave. Veracruz 42——nuestro estudio——una noche después——la de Pascua— Edward ——igual podría ser Navidad en lugar de Pascua por lo que toca al «espíritu de la Pascua»——Además hoy en la mañana me llevé una gran impresión al revelar mis negativos del acueducto: los mejores salieron mutilados de la parte de abajo. Vaya estupidez la mía——estoy furiosa conmigo. Mi única

---

españoles en 1620–la extensión del acueducto es de líneas sencillas y elegantes–y me intrigó al grado de que expuse dos negativos–tomados casi directamente desde abajo...», EW a Flora Weston, septiembre 22, 1924, Edward Weston Archive. (N. de Amy Stark.)

excusa es que cuando trabajo en exteriores me distraigo muchísimo—En fin, el error ya está hecho pero, Edward, no me falta interés para regresar allí y repetir <u>exactamente</u> lo mismo. (Claro que sin la intromisión en la parte de abajo)—En estos días estuve tan ocupada que imagínate que todavía no voy a los *puestos*. Los Sala se compraron unas cosas encantadoras—entre otras, un cochinito— el más grande que he visto. Rafael dijo: «De haber venido E. [Edward] él lo habría comprado en mi lugar».[30] En estas cosas él es deliciosamente infantil.

Hoy llegó carta tuya. ¡Ay, y es tan agradable recibir cartas tuyas!

Esta noche llueve—¡es una delicia! Hoy fue la corrida de toros más importante del año—la corrida de la despedida de [Rodolfo] Gaona—la gente hizo cola durante tres días para conseguir boletos—Mañana te mando el periódico.[31]

Esto es todo por esta noche—así que adiós—querido y muchos besos besos.

Tina

---

[30] Ew gustaba de los juguetes mexicanos que hacían a mano los indígenas, y empezó a coleccionarlos y fotografiarlos. En 1925 apuntó en su diario: «Puse mis juguetes nuevos en el trastero —un perro con manchas de terciopelo, un leopardo, un par de viejecitos y marranos de vientres protuberantes. No me aburro con los juguetes, son inevitablemente espontáneos y genuinos, realizados sin demasiadas pretensiones, llenos de gracia. Uno se imagina a los indios riéndose y bromeando al modelarlos y pintarlos», *The Daybooks of Edward Weston*, vol. I, p. 130, octubre 3, 1925. (N. de Amy Stark.)

[31] Rodolfo Gaona (1898-1975), conocido matador de toros a quien se llamó El Califa de León. Se retiró del toreo el 25 de abril de 1925. Ew

A EDWARD WESTON

[México, D. F.]

Julio 7 [1925]

Noche

No. 64

Así que tal parece por tu carta de hoy que la carta número 57 y la copia cayeron en realidad en manos de esa víbora.[32] —— Qué mal, ciertamente——Claro que no me acuerdo qué decía la carta——Pudo haber sido una carta común y corriente y pudo no serlo——Lamento la pérdida de la copia y las pruebas de varios ensayos——Ahora ya no tiene caso enviarte ese material——Hasta cierto punto me da gusto tener *esa* copia (lo único nuevo) para enseñártela cuando llegues.[33]

Como podrás ver, Edward, no he estado muy «creativa»—— menos de una impresión al mes. ¡Es lamentable! Pero no es tanto falta de interés como de disciplina y capacidad para la ejecución.

<u>Ahora</u> estoy convencida de que en cuanto a la creación se

---

dedicó muchas páginas de su diario a la descripción de las corridas de toros; en cambio, TM fue menos entusiasta de la fiesta brava.

[32] Sólo podemos especular sobre la identidad de la «víbora» a la que se refiere TM. Para julio, EW había regresado a Los Angeles y es posible que Flora Weston recibiera su correspondencia. (N. de Amy Stark.)

[33] No estamos seguros de qué copia le envió TM a EW. Entre sus fotos de 1925 están: *Head of Christ, Crucifix, Wine Glasses* y *El manito*. Además de las pequeñas copias que van con las cartas de TM que están hoy en el Edward Weston Archive, otras fotos pequeñas que ella le envió están en la colección del International Museum of Photography en la George Eastman House. (N. de Amy Stark.)

refiere (aparte de la creación de especies) las mujeres están negadas——Son demasiado inferiores y les falta poder de concentración y la facultad para obsesionarse en una cosa.

¿Es esta otra aseveración excedida? Tal vez; si es así pido humildemente el perdón de las mujeres——Tengo el imperdonable hábito de generalizar siempre una opinión sacada principalmente del análisis de una persona únicamente—— Y hablando de mi «yo personal»: no puedo——como me proponías alguna vez, «resolver el problema de la vida extraviándome en el problema del arte»——No sólo no puedo hacer tal cosa, sino que hasta siento que el problema de la vida obstaculiza mi problema del arte.

Ahora bien ¿a qué me refiero con esto de «mi problema de la vida»? Se trata sobre todo de un esfuerzo por separarme yo misma de la vida para lograr dedicarme por completo al arte.

Y sé que exactamente aquí tú vas a decir: «El arte no puede existir sin la vida»——Sí——lo acepto, pero debería haber un balance más equilibrado de los dos elementos ya que en mi caso la vida lucha todo el tiempo por predominar y el arte es naturalmente el que paga.

Por arte me refiero a cualquier tipo de creación——Me dirás que en mí es más fuerte el elemento de vida que el elemento de arte, que me debería resignar y que haga las cosas lo mejor que pueda hacerlas——Pero no puedo aceptar la vida como es——es muy caótica——muy inconsciente——de ahí que me le resista——que la combata——lucho todo el tiempo por moldear mi vida según mi temperamento y mis necesidades——dicho en otras palabras pongo demasiado arte en

132

<u>mi vida</u>—mucha energía—y por lo tanto no me queda mucha para dedicarla al arte.

Este problema de la «vida» y el «arte» es mi tragicomedia—el esfuerzo que realizo por dominar la vida es energía desperdiciada que podría estar mejor empleada si yo la dedicara al arte—Podría tener más que mostrar—Tal como está, mis esfuerzos se desperdician casi siempre—son inútiles.

Por eso digo que las mujeres están negadas—(otra vez estoy generalizando) bueno, al menos *yo* estoy negada en lo que a la creación se refiere.

Basta por esta noche, querido.

Hasta mañana

La perla de la piedad

¡En respuesta al telegrama que le informa sobre la delicada situación de su madre, Tina salió para San Francisco hoy en la mañana! La casa está extrañísimamente vacía.

EDWARD WESTON, *The Daybooks*, diciembre 9, 1925.

1926 y los boletos del regreso
Edward Weston volvió a México en agosto de 1925, a los ocho meses cumplidos, ahora en compañía de otro de sus hijos, Brett.

Tina Modotti lo recibió en Guadalajara para inaugurar allí una exposición con las fotografías de ambos. Puede decirse que la colaboración fue el signo de esta segunda y última temporada juntos en «la nueva aventura en México», como la bautizó él, más que la compenetración o la amnesia de las entregas. Tina, a su antojo, entraba y salía de los brazos de Weston, tal como él se permitió antes hacer con ella. La casa de ambos fue la misma de avenida Veracruz 42, no así sus anteriores, casi tácitos, pactos. En la imaginación de Tina, al menos desde hacía ocho meses, la música triste de un organillo acompasaba sus reservas. «El amor igual que el arte

135

devuelve la proporción exacta de emoción que se le mete, uno encuentra lo que busca», escribió Weston hacia esas fechas. Y en este ánimo, a mediados de la segunda semana de diciembre de 1925, Tina salió para San Francisco al recibir noticias de la gravedad de su madre y regresó hasta marzo de 1926. De este periodo se conservan únicamente tres cartas completas, más el fragmento de otra.

De junio a agosto, en virtud de dos contratos suscritos con Anita Brenner y el rector de la Universidad Nacional de México, Alfonso Pruneda, por un lado, y con Alfonso Pallares, de la revista Arquitecto, *por otro, Weston, Tina y Brett viajaron por Puebla, Oaxaca, Michoacán y Jalisco. Las condiciones de esta ambiciosa expedición fotográfica, como en cualquier viaje, no fueron ni siquiera las deseables. Hoy apenas imaginamos la lata de mover por los caminos de aquel país las dos cámaras de Weston, el mueble de una Seneca 8-por-10 y una Graflex de 4.25-por-3.25, aparte de la Graflex de Tina. Era de esperarse que al acabar la impresión de más de cuatrocientos negativos, así como la elaboración de cuatro copias en papel de cada placa, acabaran exhaustos el maestro y su fiel aprendiz.*

Esta nueva aventura de Weston acabó en noviembre. «La despedida de México será recordada como la despedida de Tina», escribió. «Esta vez, México, es un adiós para siempre».

A EDWARD WESTON

[San Francisco, California]
Enero 23, 1926
No. 12

La noche con la señora Carter fue encantadora—Consuelo
[Kanaga], Dan y el pequeño Collier [Carter][1] —Todo el tiempo hasta antes de que llegara la noche de nuestro encuentro,
sentí que iba a reunirme no con unos desconocidos sino con
viejos amigos—Resultaron tal y como yo los imaginaba—tal
y como tú los describiste—y ellos me dijeron lo mismo de
mí—Nos hubiera gustado que tú y el señor Carter comple-
taran la noche—aunque ustedes estaban ahí —en nuestros
corazones y en nuestra conversación—desde entonces he buscado a Consuelo—me conmueven su entusiasmo y sus ganas
de ayudar—En realidad, Edward, me siento sumamente iner-
me—cuando tengo que hacer las cosas por mí misma me
siento impotente—no sé por dónde empezar o hacia dónde
voltear—Tú sabes lo que dicen sobre el profeta en su tierra—
bueno— pues en cierto sentido a mí también se me puede
aplicar: verás, se podría decir que ésta es mi tierra natal pues
ninguno de todos los viejos amigos y conocidos me toma en
serio como fotógrafa —ninguno me ha pedido que le muestre

---

[1] Jean Carter, amigo de EW que vivía en el 2759 de Union Street, a una
cuadra de su estudio. Consuelo Kanaga (1894-1978), fotógrafa que trabajaba entonces para la *San Francisco Chronicle*. Posteriormente trabajó para el *Daily Worker* y *New Masses* y expuso con EW como miembro del grupo f/64. Dan pudo ser un reportero de la *Chronicle*. Collier
Carter era el hijo de Jean. (N. de Amy Stark.)

mi trabajo—— sólo el grupo nuevo que conocí a través de ti——
Consuelo me va a presentar con alguien que <u>podría</u> comprar
una copia de las rosas.[2] Ella me está ayudando también para
cambiar mi cámara por una Graflex <u>en caso</u> de que hallemos
una oportunidad——Ella es en serio muy admirable.

Ningún comentario en detalle a propósito de esta encantadora gente cuyo conocimiento lo debo a ti——ya hablare-
mos de eso cuando estemos juntos.

La señora Beals nos invitó a cenar hoy en la noche a
Frances [Toor], a Mercedes[3] y a mí——Vive en Berkeley——
Aproveché el ofrecimiento de Dorothea [Lange][4] para usar
su estudio——lo voy a usar mañana——voy a retratar a la hermana de Alice——a lo mejor a las dos hermanas.

Voy a ponerme a trabajar duro cuando regrese a M. [Mé-
xico] y lo voy a hacer de otra manera——si llego a conseguir
la Graflex——<u>como tú bien sabes</u> siempre he estado muy limitada en mi trabajo——pero ahora siento que con una

---

[2] En 1991, sesenta y cinco años después, una copia de las rosas de TM se
vendió en subasta pública por más de 160 mil dólares, cifra que estable-
ció una marca en el mercado del arte y señaló muy claramente una
etapa nueva en la revaloración de la obra de TM.

[3] La señora Beals, esposa del crítico de arte y escritor Carleton Beals.
Mercedes Modotti, hermana de TM. (N. de Amy Stark.)

[4] Dorothea Lange (1895-1965) nació en Hoboken, Nueva Jersey, realizó
estudios para normalista y en 1915 optó por la fotografía. Estudió con
Clarence White en la Universidad de Columbia, mudó hacia San Francisco y casó con el pintor Maynard Dixon. Lang obtuvo el reconoci-
miento de sus pares y contemporáneos por su trabajo como fotógrafa
documentalista en la década de los treinta para el programa de la oficina llamada Farm Security Administration, junto a fotógrafos como Jack
Delano, Walker Evans, Rusell Lee, Arthur Rothstein y John Vachon.

Graflex podré desarrollarme——Frances [Toor] se ha movido mucho y hasta hizo dinero aquí——lo cual me hizo desear ser judía.

Esto es todo por ahora, querido——«breve pero cariñosa» porque me siento muy triste——pero esto es pasajero así que no te preocupes——más bien discúlpame——Parece que ha pasado tanto, tanto tiempo desde que estuve contigo——desde que hablé contigo——Te extraño——Muchos muchos besos besos.

Tina

A EDWARD WESTON

[Fragmento de una carta, sin fecha, *ca.* diciembre de 1925 o marzo de 1926, San Francisco, California.]
Sería bueno que Christel Gang[5] fuera a México durante mi ausencia porque se puede instalar en la casa——por los otros asuntos en cuestión, en el caso de que ella llegara estando yo allá: ¿Qué no somos buenos amigos, querido? Te aseguro que te ayudaré y que te facilitaré las cosas——es en serio que yo recibiría con gusto la oportunidad de darle una lección a mi «ego»——¡Ah querido Edward!——Me siento tan rica tan afortunada de haberte conocido——de haberte tenido cerca——de haberte amado y de amarte——Bendito sea el día en que sentimos que teníamos algo que darnos.

Las pruebas en pequeño formato de mi cabeza ¡qué exqui-

---

[5] Christel Gang, estenógrafa pública, según Ben Maddow; EW la conoció en 1925 en Los Angeles y supo conservar su aprecio durante años. Ew le confió la transcripción de sus diarios.

sitas! Nomás que me hayas hecho esos retratos inmortales muestra tu capacidad para sacar lo mejor de mí.

¿Brett habla bien de mí? Quiero resultar agradable para el niño porque lo quiero muchísimo—¿Qué le gustaría que le llevara de E. U.?

Mamá me está llamando—a esta hora duerme toda la familia—Me interrumpieron mientras escribía así que ya se hizo tarde.

Buenas noches—¡la paz sea contigo!

XXXXXOOOOO—Mi primer intento en este nuevo estilo de besos.

Tina

¿Le llegó mi carta a Elisa? La envié el 19 de diciembre. Por favor dale las gracias a tu amable prima por el pañuelo. El verde es adorable ¿será que se borre la figura?

Frances [Toor] vino a cenar anoche. Todos le cayeron bien y ella le cayó bien a todos—¡Ah qué cena «dago»! ¿No te da una poca de envidia?

A EDWARD WESTON

[San Francisco, California]
Enero 25 [1926]
Noche
No. 13

Eduardito: hoy llegó carta tuya—Cómo espero esos enormes sobres color crema—Me estremezco cuando me entregan uno de esos sobres. En la carta de hoy venía la de Roy

[Partridge][6]—Qué raro, ayer les escribí a los Partridge—disculpándome por no haberlos ido a ver aún. Les decía que trataría de hacerlo y que si veía que no iba a poder ir a su casa dejaría una copia de las copas con Dorothea Lange para la Mills Gallery—Las cosas han sido muy caóticas y difíciles para mí—pero Consuelo [Kanaga] me ha ayudado mucho—Dan también. Él me llevó hoy con todos los vendedores de cámaras en busca de una Graflex usada—y para tratar de vender mi Corona—mi querida Corona. Me siento muy unida a ella—¿crees tú que yo sea una ingrata por querer venderla? En mi carta anterior te explicaba el motivo—y me es imposible comprar una sin antes vender la otra.

Mañana en la noche nos juntamos en casa de Consuelo. Tiene una casa encantadora—como la de Dorothea Lange—Esta semana regresa Tilly.[7] Pienso verla cuando pase por S[an] F[rancisco]—Sé que quiere que yo me esté unos días en Carmel pero me temo que no puedo.

¿Has tenido algunas sesiones de retrato? ¿Qué pasó con los niños amigos de Hamosa? ¿Qué pasa en México que aquí la mantequilla está tan cara? Lo cual resulta bastante desalentador—ay, querido, hay tanto que quiero platicar conti-

[6] Roy Patridge, originario de Seattle, vivió y completó su formación en Europa hacia el final de la primera década del siglo XX. Regresó a Estados Unidos en 1914 y se convirtió en pieza clave en el círculo de fotógrafos de la bahía de San Francisco, junto a Dorothea Lange, Johan Hagemeyer e Imogen Cunningham —con quien casó en 1915.
[7] Tal vez TM se refería a Tilly Pollak, propietario de la Mission Tea House en Carmel, California. Pollak exhibía en su establecimiento obra de artistas, incluyendo a Johan Hagemeyer. (N. de Amy Stark.)

go—todas mis impresiones de E.U. —mis reacciones— todas mis ideas para trabajar la foto de otra manera—al regreso. En verdad me muero de ganas de platicar <u>contigo</u> querido—por escrito no puedo—me desespero.

Cómo disfruté la carta de Roy—es gente querida—tal vez todavía pueda verlos—lo que es seguro es que lo <u>intentaré</u>. Me resulta desagradable no tener un lugar para mí—ni para trabajar ni para concentrarme—aquí en la casa es <u>imposible</u>—Ayer tenía la esperanza de contar con el [estudio] de Dorothea para mí sola—pero ahí estuvo el otro fotógrafo—<u>todo el día</u>—revelando, imprimiendo, retocando—Ya sabes lo nerviosa que me pone trabajar con otra gente—La hermana de Alice—<u>sólo una</u>—llegó una hora tarde y resultó ser una modelo muy molesta—expresión de palo—ella es la «chica»—echada a perder y presumida—Todavía no revelo.

Dile a Elisa que yo también voy a querer un poco de *pozole*, ¡y cómo extraño las <u>tortillas</u>!

Aquí tienes la dirección de Vocio por si no la sabes: 271 So. Lake St. L[os] A[ngeles]. Espero estar ahí para la primera semana de febrero.

Dan me dijo «extranjera puerca», pero en ese instante me miró con esos ojos de pícaro que tiene y no me pude enojar con él—¡es un bueno!

La frágil *mamacita* se ha sentido bien en estos días—¡ay qué alivio para nosotros! Todo el tiempo la estamos consintiendo y mal acostumbrando—Te manda saludos—Ella y todos los demás de por acá te quieren—Tu nombre siempre aparece relacionado con algo agradable.

¿Qué opinaste de la carta de Ramiel [McGehee]? Me preocupa y me entristece tu amargura en relación con él.

Edward: Paul Elder vende dos ejemplares de *Ulysses*, mi misma edición a $20.00 dólares. Me dicen que varios ejemplares entraron de contrabando y que ya no hay demanda.

Esto es todo por esta noche.

Pasamos una noche muy agradable en la casa de la señora Beals en Berkeley. Ella es una persona tan buena como Carlton [Carleton Beals]—y según nosotras Carlton es muy agradable, ¿no es así?

Salúdamelo —a los Sala—a Fisher[8]—dale un abrazo a Elisa—a Brett mi amor—y a *Eduardito* besos besos—.

Tina

A EDWARD WESTON

[San Francisco, California]

Febrero 9 [1926]

Ayer fui a comprarle algo a Brett—Los pantalones estaban más caros de lo que tú estabas dispuesto a pagar, vi muchísimos, pero finalmente regresé a Mullen & Bluett adonde fui

---

[8] Eric Fisher, maestro británico, buen amigo de TM y EW. A veces iban juntos a reuniones, y los diarios de EW registran un episodio durante la semana del carnaval de 1928 en el que Fisher escoltó a EW, quien iba vestido de mujer. EW observa: «¡Me volví un marica desvergonzado!», *The Daybooks of Edward Weston*, vol. I, p. 151. EW fotografió a Fisher con esa intuición que se reservaba para las personas que admiraba de verdad. Fisher, por su parte, apreciaba la energía de EW. En una carta escrita a EW en 1928, decía: «Es bastante devastador pensar demasiado en la relatividad. Cuando te puse en esas descubro que tu motor casi canceló mi existencia», Eric Fisher a EW, noviembre 7, 1928, Edward Weston Archive. (N. de Amy Stark.)

primero y pagué $10.00—Los pude haber comprado de $8.50 pero de un material malo—El blazer no es de un azul muy oscuro pero le va muy bien con los pantalones—tiene un jaspeado naranja y rayas azules—También le compré calcetines.

Le vendí el *Ulysses* al señor Parker por $20.00—Me dan ganas de felicitarme a mí misma por la venta después de haber descubierto tantos ejemplares por aquí y en S. [San] F. [Francisco]—Además ya sabes lo que dicen: «Más vale pájaro en mano que ciento volando». ¡Te manda saludar el señor P.!

Ramiel [McGehee] todavía no se comunica conmigo— Cuando hablé con él por teléfono llevaba varios días enfermo—tal vez siga malo—No parece que me vaya a tener mi exposición en el barrio japonés.[9]

He estado muy atareada tratando de colocar las dos pinturas de [Xavier] Guerrero[10]—actualmente están en la Baltimore Art Gallery—a consignación.

Al día siguiente: Ramiel me acaba de hablar por teléfono—

[9] En julio de 1925, justo antes de regresar a México, EW expuso sus fotografías en el club japonés para hombres Shaku-do-Sha en East First Street en Los Angeles. Allí fue donde conoció a Christel Gang. (N. de Amy Stark.)
[10] Xavier Guerrero (1896-1974), pintor, fundador —con Diego Rivera y David Alfaro Siqueiros— de *El Machete*, así como de la Liga de Escritores y Artistas Revolucionarios. Guerrero conoció a TM en Los Angeles, al principio de la década de los veinte, como director artístico de una célebre exposición de artes populares. Tuvo una breve relación amorosa con TM hacia 1928, interrumpida por su viaje a Moscú, entre otras cosas.

Mañana voy a ir a verlo——Estuvo enfermo——Me pasé la mañana viendo mis cosas viejas en los baúles——Destruí muchas——A veces duele pero: «Bendita sea la nada». De ahora en adelante todas mis pertenencias serán sólo las relacionadas con la foto——lo demás——hasta las cosas que me agradan, las cosas concretas——las voy a someter a una metamorfosis——de concretas las voy a convertir en cosas abstractas——por lo que a mi concierne——y así las podré seguir poseyendo en mi corazón para siempre——Ésta es una manera muy oscura y vaga de transmitir una idea——pero no tengo tiempo para pensar——antes de escribir——Ésta va a ser la primera noche que salgo——¿Te cuesta trabajo creerlo? Sin embargo es cierto——Voy a la casa de la señora Rovere——amiga de [Eric] Fisher——la propietaria de la casa en Healdsburg.[11]

(Me muero por verte y tomarnos un café.)

Con todo cariño,

Tina

A EDWARD WESTON

[México, D. F.]
Noviembre 14 [1926]
Domingo por la mañana.
Edward: me desperté con la agradable sensación de que tú estabas aquí——Lo primero que pensé: ¿Ya se habrá levantado Edward?——pero la ilusión no duró nada——y la visión de tu

[11] Healdsburg, California, es un pueblo que está a unos 100 km de San Francisco. Esta referencia indica que TM seguía en San Francisco. (N. de Amy Stark.)

cuarto y el de Brett vacíos me dolió tanto como ayer que regresé aquí.[12]

Quiero escribirte una carta larga Edward—pero ahora no—ahora no puedo ver—Conoces ese poema de Ezra Pound en la página 172[13] —Tú eres eso para mí Edward—No importa lo que signifiquen otros para mí tú eres eso—Sólo que tú te me amargaste y perdiste la confianza en mí—pero a mí eso nunca me sucedió porque yo respeto las numerosas posibilidades del ser que hay en todos nosotros y también porque acepto el trágico conflicto entre la vida que cambia continuamente y la forma que la fija inmutable—

[12] EW y Brett se habían ido el 13 de noviembre en tren rumbo a Ciudad Juárez. En su diario, EW describió la despedida en la estación del tren: «La despedida de México será recordada como la despedida de Tina. Por un instante se rompió la barrera entre nosotros. Hasta que no llegamos al Paseo [de la Reforma] en un taxi rumbo al tren me permitió mirar sus ojos. Pero cuando lo hice vi lo que tenían que decir, la acerqué hacia mí—nuestros labios se unieron en un beso interminable, hasta que nos detuvo el silbido de un *gendarme... ¡Vámonos!* los últimos abrazos—Tina con los ojos llenos de lágrimas. Esta vez, México, es un *adiós* para siempre. ¿Y tú, Tina? Siento que debe ser una despedida para siempre», *The Daybooks of Edward Weston*, vol. I, p. 202, 1926, última entrada. (N. de Amy Stark.)

[13] En una edición de *Modern American and British Poetry*, preparada por Louis Untermayer, que EW y TM pudieron conocer, el canto LXXXI de Ezra Pound aparece en el página 172. Empieza así [en la traducción de José Vázquez Amaral]:

> Lo que bien amas perdura,
> lo demás es escoria
> De lo que bien amas no te privarán
> Lo que bien amas es tu herencia verdadera
> ¿Mundo de quién, o mío o de ellos,

Pero ya no puedo seguir escribiendo——Este terrible dolor en mi corazón no me deja——Mejor empiezo a empacar porque eso lo puedo hacer mecánicamente.

Hasta pronto querido——ahora vas en el tren pero cuando ésta llegue [ilegible] estarás rodeado por todos tus hijos—— Persisto en visualizar tu imagen con tus hijos porque eso me produce una sonrisa de gran ternura y paz en mis labios.

Tina

---

o de nadie?
Primero vino lo visto, entonces así lo palpable
Elysium, aunque fuera en las salas del infierno,
Lo que bien amas es tu verdadera herencia
De lo que bien amas no te privarán.

(N. de Amy Stark.)

La dama blanca

Tina Modotti se veía muy serena, muy reposada, como estática por fuera. Actuaba con mucha firmeza en sus decisiones. Tenía un carácter enormemente disciplinado, que se advierte en la composición de sus fotografías. Empezó como fotógrafa, me parece, siendo un poco abstracta, como un poco elegante, y luego se fue llenando su fotografía de mayor contenido humano, como la carrillera con los elotes, los hombres que leen *El Machete* o la mujer del Itsmo con el niño en la cadera. Me impresionaban mucho su calidad de fotógrafa y la fuerza de sus convicciones.

LOLA ÁLVAREZ BRAVO, *Recuento fotográfico.*

1927-1928 y el oficio de tinieblas
Una mujer en una habitación oscura repasa los días de su vida que se han quedado en éste o en otros lugares no menos extraños. Siente el calor de los amigos, que es de lo mejor que guarda la memoria, y al recordarlos en la liviandad de una siesta por la tarde el mismo lugar recupera su habitable sencillez. La ciudad, allá afuera, es una lista de compromisos.

En 1927 Tina Modotti se ha afiliado al Partido Comunista Mexicano y es una fotógrafa metida en la re-

definición de sus intereses estéticos. Más que nunca apre-
cia el trabajo fotográfico de Edward Weston y al mismo
tiempo se aleja de todos los elementos que en algún mo-
mento llegaron a compartir. La intensidad de su admi-
ración por lo que él hace es proporcionalmente inversa a
lo que ella quiere hacer ahora. Le dice adiós a las rosas.
Adiós también a los alcatraces. Adiós a las composiciones
tan cuidadas de su periplo como alumna de Weston. Aho-
ra intenta observar los cuerpos de los desposeídos, se afa-
na por encontrar en ellos la semilla de la esperanza que
se le metió en la cabeza. Me parece que es la primera vez
que ella piensa en el futuro. Éste es, sin lugar a dudas, el
signo del militante y del creyente. Tina Modotti trabaja
para El Machete, *el periódico fundado por Diego Rivera,*
David Alfaro Siqueiros y Xavier Guerrero, pero que para
entonces no tiene nada que ver con el Sindicato de Pinto-
res y Escultores que lo echó a andar y sí, en cambio, tie-
ne mucho que ver con el PCM *en donde esta joven*
italiana hace todo lo que haga falta hacer. Si hay que tra-
ducir, traduce; escribe si es necesario. Sin embargo de lo
que ella vive es de las fotos que le encargan, de parte de
la revista Mexican Folkways *o bien de algunos particula-*
res, como Diego Rivera y José Clemente Orozco, que con-
fían en la calidad de su trabajo.

Tina Modotti conoce por estos días a Vittorio Vidali, co-
munista de renombre internacional, a quien retrata
contra un muro de adobe. El pintor mexicano Xavier
Guerrero es pareja de Tina Modotti en este tiempo hasta
que su relación se interrumpe en septiembre de 1928.

Guerrero viaja a Moscú y Julio Antonio Mella, el joven dirigente comunista cubano exiliado en México, empieza a frecuentar la casa de Tina Modotti en la segunda calle de Abraham González.

A Edward Weston

[México, D. F.]

Marzo 19, 1927

[Edward:] Me acabo de comprar el libro de Nahui Olín—Lo voy a envolver y la próxima vez que vaya al centro te lo mando—Cuesta dos pesos.

Edward, fue lamentable que Frances [Toor] pusiera mi nombre en la foto de la piñata del último [*Mexican*] *Folkways*—no hay nada de por medio (me refiero a la fotografía) y me molestó ver mi nombre debajo de la foto.[1]

Pedí 2 pesos por la copia brillosa de Diego [Rivera], con eso compré el libro.[2]

---

[1] La foto aquí aludida apareció en la página 4 de la entrega de diciembre 1926-enero 1927 de la revista *Mexican Folkways* (vol. II, no. 5). Se trata de una piñata con la figura de Charles Chaplin y la foto se atribuyó a TM.

[2] Diego Rivera (1886-1957), pintoresco muralista originario de Guanajuato, artista genial en la vida y en la obra, salió del país para completar sus estudios en 1907. Diez años después, en reproducciones fotográficas, sus pinturas cubistas empezaron a escandalizar a los intelectuales y escritores mexicanos de la hora. Su trabajo en los muros le confirió mayor mala fama. «Su vida fue fabulosa, pero eran aún más fabulosas las historias que él mismo contaba de su vida», escribió su biógrafo Bertram Wolfe en el libro *A Life in Two Centuries*. «Su conversación, sus teorías, sus anécdotas, sus aventuras y sus exitosas exageraciones cada vez que volvía a contar esas historias conformaban un interminable laberinto de fábulas. Sus pinturas en las paredes de los edificios públicos de México son una extensa fábula intrigante sobre el mundo de Rivera, sobre su tiempo, su país, su pasado, su presente, su futuro. Las historias que le hicieron famoso, improvisadas con el mismo esfuerzo con el que una araña teje su tela, estaban hechas hábil-

Ayer te puse el libro en el correo—Monté los retratos de Jean
[Charlot] pero no los he enviado—pero eso lo voy a hacer
en mi próxima ida al Centro—Ayer me llegó carta tuya—
del 16 de marzo—Cada vez que se aparece en mi puerta el
mozo del edificio con uno de esos grandes sobres siento que
me invade la emoción—Para mí significa mucho seguir en
contacto contigo.

Mencionabas unos grabados de [Peter] Krasnow pero no
los incluiste.[3]

Me gustaron mucho las impresiones que hizo de mis fotos
Henrietta Shore[4] —Espero ver pronto algo de ella—Aunque
sean copias—¿Cuántos años tiene esa mujer Edward? ¿Por
qué nunca oímos antes su nombre? ¿Por qué no está in-
cluida en *Part* [ilegible] *of New York*?

¡Ay!, últimamente he estado muy ocupada con las

---

mente de verdad y fantasía, y narradas con tal arte, que obligaban a la
suspensión momentánea del escepticismo. Si Diego nunca hubiera
puesto el pincel contra la pared o el lienzo, y se hubiera dedicado exclusivamente a hablar y a poner por escrito sus conversaciones, el barón de
Munchausen habría tenido que cuidar su reputación. Por ese motivo
llamé a su biografía "vida fabulosa", y advertí al lector con las palabras, *caveat lector*».

[3] Peter Krasnow (1886-1978), artista de Los Angeles. EW lo conoció a él,
y a su esposa Rose, antes de ir a México, y estuvieron en contacto hasta
la muerte de EW. Krasnow pintó el retrato de EW en 1925, y EW fotografió
a los Krasnow en su estudio y en la casa de ellos en Los Angeles. En
1954, EW retrató las esculturas de Krasnow para el catálogo de la exposición en el Pasadena Art Museum. (N. de Amy Stark.)

[4] Henrietta Shore, pintora. EW describe en su diario que la conoció en febrero de 1927. Ella empezó a pintar un retrato de EW y a leer y comentar

copias—El domingo volví a trabajar en la *Secretaria* [de Educación Pública]—más fragmentos de murales nuevos.[5] Diego [Rivera] está tan entusiasmado con mis copias que hasta le gustaría que yo repitiera las que ya le hizo [José María] Lupercio[6] —como sea es muchísimo trabajo, y dije que no—Te iré enviando copias.

A la mañana siguiente [marzo 23, 1927]: acabo de releer tu última carta—Ciertamente es un problema tu decisión sobre una casa adecuada para tu colección en el futuro—No te puedo sugerir nada—sí, un lugar pero ¿no sonaría tonto? A mí me gustaría ver tu estudio convertido en una galería permanente—¿sería demasiado impráctico eso? No me gusta que los museos o las galerías queden lejos de los centros de las ciudades—Por eso el L. [Los] A. [Angeles] [County] Museum o el Fine Arts Palace en S. [San] F. [Francisco] me producen tales anticlímax.[7] Casi hay que pasarse todo un día de visita—A mí me gustaría que los museos estuvieran

---

sus diarios. En las entradas de EW por esta época, EW usa sus encuentros con Shore para consignar su filosofía sobre la previsualización. Shore usó los contornos de conchas, rocas y plantas en su pintura, y en cierta ocasión le prestó algunos de sus modelos a EW. Shore estuvo en México durante la segunda mitad de 1927 y vio varias veces a TM. (N. de Amy Stark.)
[5] TM retrató los frescos de Diego Rivera, Xavier Guerrero y José Clemente Orozco para las revistas *Mexican Folkways* y *Forma*.
[6] José María Lupercio (1870-1929), fotógrafo mexicano, cuya obra se incluyó en el el libro de Bertram Wolfe *Portrait of Mexico*, junto con las de TM y Manuel Álvarez Bravo. Se dedicó también a la pintura, la tauromaquia, la escenografía y murió como fotógrafo del Museo Nacional.
[7] En 1927 ni el Palace of Fine Arts en San Francisco o el Los Angeles County Museum estaban en el corazón de las áreas del centro. Desde

justo en el centro donde se pudiera meter uno cada vez que se tuviera unos minutos y ver a lo mejor una imagen o lo que fuera uno a ver—pero así como están, digamos que uno va al museo y está obligado a no perderse nada porque quién sabe cuándo vayamos a volver a tener otro medio día para hacer otra visita.

Edward, ¿ya viste *The New Masses*?[8] En el número de marzo viene una nota—breve—de [John] Dos Passos sobre los pintores mexicanos[9] —también hay una reproducción muy buena de uno de los frescos de Diego [Rivera].

También una polémica interesante entre Ezra Pound y

---

entonces, las dos ciudades crecieron tanto que ya se tragaron a los museos y los rebasan, dándole a la observación de TM el timbre de la nostalgia. (N. de Amy Stark.)

[8] La revista *The New Masses* empezó a circular en mayo de 1926, y sobrevivió hasta 1934. La patrocinó el Garland Fund y fue la última entre las numerosas revistas pequeñas de izquierda, como *The Masses* y *The Liberator*. En sus páginas escribieron Lewis Mumford, Katherine Anne Porter, Theodore Dreiser, Ernst Hemingway, Taylor Caldwell y John Dos Passos, entre otros. Uno de los editores fundadores era Carleton Beals, amigo cercano de TM y EW.

[9] John Dos Passos (1896-1970) nació en Chicago, sus primeras novelas dieron cuerpo a su experiencia durante la Primera Guerra Mundial: *One Man's Initiation: 1917* y *Three Soldiers*. Hizo periodismo y en 1925 publicó una de sus novelas más logradas, *Manhattan Transfer*, la cual tuvo en su momento un lector mexicano excepcional, Salvador Novo, a quien Dos Passos conoció en su visita a México en 1927. Dos Passos aparece en una foto cándida realizada por TM. Algunas de las crónicas mexicanas de Dos Passos, mas no estos escritos que menciona TM, están recogidas en su libro *In All Countries* (1934).

Hugo Gellert[10]——Me atrevo a decir que este último fue el que salió mejor parado.

Esto es todo por ahora——René [d'Harnoncourt],[11] todavía no me ha contestado. Me voy a proponer hablarle hoy.

Hasta pronto querido y siempre mi cariño y mi devoción hacia ti

Tina

A EDWARD WESTON

[México, D. F.]
1o. de abril [1927]
Buenos días Edward: Estos días han sido muy agitados. La

[10] Ezra Pound (1885-1970), figura seminal en la literatura del siglo XX, como poeta, crítico, traductor, animador de revistas literarias y mentor de otros hombres de letras. Pound hizo carrera en Europa, no en su país natal, Estados Unidos, donde se le juzgó al finalizar la Segunda Guerra Mundial por sus vínculos con el fascismo italiano. En la década de los veinte inició *The Cantos*, obra cumbre que hizo crecer a lo largo de las décadas. Hugo Gellert (1892-1985), artista de origen húngaro, trabajó en Nueva York como muralista y litógrafo, sucedió a Ernestine Evans como editor en *The New Masses*. Escribió además obras como: *Lamentations, Four Folk-Plays of the American Jew* (1928) y *Aesop Said So* (1936).
[11] René d'Harnoncourt (1901-1968), trabajó con Fred Davis de la Sonora News Co. Luego fue director del Museum of Modern Art de la ciudad de Nueva York, después de Alfred Barr, Jr. EW describe su encuentro con D'Harnoncourt en 1926 cuando él y TM viajaban para el proyecto de Anita Brenner, *Idols behind Altars*. Estaban comprando juguetes en el mercado de Pátzcuaro: «Cuando René se nos sumó nos desconcertamos un poco. Conspicuos como son los recién llegados en una ciudad pequeña, ahora estábamos destinados a que nos anunciaran a lo largo y ancho como un circo que llega al pueblo. Ya que René medía uno noventa y ocho, traía

partida de Rafael y Monna [Sala] nos tuvo en gran suspenso[12] y luego mi trabajo aquí—El domingo hice las copias de [José Clemente] Orozco[13] para Anita [Brenner]—cuatro—Todas son buenas pero Anita cree que se pueden sacar desde mejor ángulo para dar una idea más acabada de la relación con la arquitectura. No es que ella no tuviera confianza en mis copias—Entendí lo que me quiso decir, así que le ofrecí volverlas a hacer pero con ella presente para que me diera las indicaciones—Sin embargo, al ver a través del vidrio despulido y comparar la imagen nueva con la que ya estaba hecha tuvo que admitir que no podía hacerse mejor—sacamos una más con los arcos.[14]

---

pantalones bombachos de cuadros y polainas blancas. Los indios bajitos volteaban hacia arriba, estirando los cuellos como si René fuera un rascacielos de Nueva York —primero intrigados, después convulsionados. Pero René era una compañía tan encantadora que le perdonamos su indeseable publicidad», *The Daybooks of Edward Weston*, vol. I, p. 172, julio 1926. Autor de *El arte del indio americano*, The National Indian Institute Washington, 1943. (N. de Amy Stark.)

[12] Rafael Sala salió en busca de un tratamiento para el cáncer en Estados Unidos. Aunque lo operaron, no mejoró. Murió en junio de 1927. (N. de Amy Stark.)

[13] José Clemente Orozco (1883-1949), el más destacado de los muralistas, nació en Jalisco pero desde pequeño vivió en la Ciudad de México, en donde realizó todos sus estudios de pintura. Por temperamento e ideas TM y Orozco eran incompatibles; sin embargo, TM logró sus mejores imágenes documentales sobre los acres muros de Orozco, de suerte que convendría tomar con un grano de sal sus diferencias aparentes. TM intentó restaurar su relación con este muralista poco antes de morir.

[14] Anita Brenner (1905-1974) nació en Aguascalientes, de padres estadounidenses, según testimonio de Mauricio Magdaleno: «Propietaria de

He estado ocupada imprimiendo los juegos de los murales de Diego [Rivera]—Te envié un juego—Le di otro a Rafael—Le gustó muchísimo—Otro de los juegos lo dejé en Aztec Land [Gallery]—La señora Lawton piensa que puede vender copias y también quiero dejar una con el señor [Fred] Davis.

Me da muchísimo gusto que llegaran bien los dibujos de [Máximo] Pacheco y que te hayan gustado tanto[15] —yo no te puedo decir si él es indio *puro*—parece—se lo voy a preguntar la próxima vez que lo vea—Su nombre se pronuncia como en inglés, quiero decir, la X—con acento en la a—Máximo. Nació en un pueblito indígena en el estado de Hidalgo—Su padre era *peón*—Dice que a él siempre le gustó dibujar, vino a México después de la muerte de su madre—tenía como trece años—Su primera educación fue en la Academia de Bellas Artes—clases nocturnas

---

un pequeño rancho, se dedicó a arrancarle los mejores espárragos, que fueron fácil producto de exportación a California», *Escritores extranjeros en la Revolución*. AB estudió antropología en la Universidad de Columbia, Nueva York. Autora de varios títulos, entre ellos *Idols behind Altars* (1929), *The Wind that Swept Mexico. The History of the Mexican Revolution 1910-1942* (1971), *Calligraphic Aspects of Aztec Design* (tesis de doctorado, 1943), así como de una voluminosa guía turística, *Your Mexican Holiday. A Modern Guide* (1a. ed. 1932; 5a. ed. corregida 1947).

[15] Máximo Pacheco (1907) fue alumno de Fermín Revueltas y asistente de Diego Rivera. En la década de los veinte se pensó con optimismo que Pacheco lograría lo mejor de su arte en poco tiempo. En años posteriores su obra se confundió entre los tanteos gráficos de sus contemporáneos. EW llegó a comprar un dibujo de Pacheco, a quien identificaba con Henrietta Shore.

porque en el día tenía que ganarse la vida—Su primer maestro fue Fermín Revueltas[16] quien en esa época pintaba en la Preparatoria—al poco tiempo Revueltas se dio cuenta del talento excepcional del joven Pacheco y le pidió que fuera su ayudante lo cual P aceptó con gusto—Con Revueltas trabajó durante como un año después del cual Diego le pidió que trabajara con él—con Diego trabajó de ayudante durante año y medio y luego dejó a D. porque quería tener más tiempo para pintar—así que se consiguió un trabajo en una fábrica hulera y durante meses y meses dibujó de noche hasta su primera exposición en la YMCA—Tiene unos 22 años—En la actualidad decora una escuela en las afueras—Ese trabajo se lo dio [Manuel] Puig [Casauranc] el secretario de Ed.[Educación][17]—Lo está haciendo en fresco claro cuya técnica él conoce bien

---

[16] Fermín Revueltas (1903-1935), pintor, grabador y editor junto con Manuel Maples Arce (1898-1981) de la revista *Irradiador*. En la Escuela Nacional Preparatoria ejecutó su primer mural, *Alegoría de la Virgen de Guadalupe*, en el cubo de la entrada del patio grande.

[17] José Manuel Puig Casauranc (1888-1939). Diputado, senador, secretario de Educación Pública en sustitución de José Vasconcelos (1924-1928), jefe del Departamento Central (1930), entre otros cargos públicos. Colaboró en periódicos como *El Imparcial* y *El Universal*, dirigió *El Demócrata* (1924), y escribió varios libros de poesía, narrativa y ensayo político. En la SEP, Puig Casauranc les planteó lo siguiente a los pintores, según las memorias de David Alfaro Siqueiros: «Si continúan ustedes publicando *El Machete* con una línea política de ataque sistemático al gobierno, que es el gobierno de la Revolución, tendrán que suspenderse sus contratos de pintura mural (eran los de la Preparatoria). Tal es la disyuntiva: *El Machete* o la pintura mural», Siqueiros, *Me llamaban el Coronelazo*, Grijalbo, México, 1977.

como resultado de su aprendizaje con Revueltas y <u>sobre todo</u> con Diego.

A la mañana siguiente: Anoche Frances [Toor] organizó una reunión de amigos para Ernestine Evans y Ella [Wolfe] quienes se van en unos cuantos días.[18] También estuvo Kon Khoje[19] —¡Qué buena persona es! ¡Y anoche no sé cómo llegué a estar más cerca de él que nunca! Hablamos de ti y me suplicó que te dijera que se acuerda mucho de ti—También fue Felipe [Teixidor]—Desde que se fueron los Sala lo he visto todas las noches—pobrecito—está todo deprimido. No tanto (como él mismo dice) porque ellos se hubieran ido sino por la manera en la que sucedió todo—Se puso a comparar la llegada de ellos a México cuando él con mucho entusiasmo les montó la casa—Hasta se puso a pintar la madera los domingos—y luego el día de la despedida él era <u>uno de tantos</u> que fueron a la estación a despedirlos—Él está viviendo en la pensión en la que estuvieron Gorlida y

[18] Ernestine Evans editó la revista *The New Masses* y *The Frescoes of Diego Rivera* (Nueva York, 1929), ilustrado con las fotografías de TM. Ella Wolfe, esposa de Bertram, estudió un año en la escuela de Leyes de la Universidad de la Ciudad de Nueva York, fue maestra de inglés en la Rand School. Vino a México, invitada junto con Bertram, por una estratagema de Robert Haberman —entonces empleado en la Secretaría de Educación Pública, agente de J. E. Hoover infiltrado entre la izquierda liberal de México— para dar clases de inglés en una preparatoria de la Ciudad de México. Ella fue también empleada de la oficina mexicana de la Agencia Tass en México.

[19] Ew menciona que «Khan Khoje» estuvo en una cena de espagueti que preparó TM en 1924 y lo describe como «hindú». Ew comentó: «Cómo me agradó», *The Daybooks of Edward Weston*, vol. I, p. 84, julio 19, 1924. (N. de Amy Stark.)

Eric [Fisher]—no muy lejos de aquí como sabes—Ahora gana un buen sueldo—Tiene dos trabajos y ayer mencionó su deuda contigo y dijo que pronto—Tiene tantas deudas que no puede pagarte ahora.

Ayer vi a [Fred] Davis—te manda saludos—En fin, ya demoré mucho esta carta—así que hasta pronto—ojalá que estés bien y lo mismo todos los tuyos.

Cariñosamente, Tina

[Al margen:]
¡Qué pluma tan espantosa!

A EDWARD WESTON

[México, D. F.]
Junio 4 [1927]
¡Ay Edward!: qué mal me siento cuando pasan tantos días sin que me mandes siquiera unos garabatos.

Últimamente me he puesto a hacer muchas cosas y no tengo un rato para mí—nada más retratar los murales de Diego [Rivera] me mantendría lo suficientemente ocupada—vendí muchas copias—Pero además les prometí a los Cueto[20] unas copias de sus cosas—Luego más frescos nue-

---

[20] Germán Cueto (1893-1975) y Dolores Velázquez de Cueto (1897-1978), escultor y grabadora, nacidos ambos en la Ciudad de México, amigos de TM y EW. Inés Amor los recordaba así: «[Germán] era tremendamente pesimista, me decía: "Es que mi obra no gusta". Daba por hecho tercamente que el público no lo iba a entender; entonces siempre estaba escaso de medios para comprar hasta yeso y plastilina. Vivía de su sueldo de maestro [...] Germán era el eterno "no puedo",

vos de [José Clemente] Orozco para Anita [Brenner]—Luego unos retratos—el de Lola Cueto—el de Germán—y luego tuve que hacer otra vez el de Frances [Toor]—a fin de cuentas era más fácil repetir lo de ella que tenerla detrás de mí todo el tiempo.

Así que ya ves por qué no escribo—podría darme unos momentos pero siempre ando muy inquieta y me falta paz—Al fin <u>ya estoy muy bien</u> de salud—sólo por eso puedo hacer tantos trabajos—Hay muchas cosas que me gustaría escribirte—Tu última en que me hablas de [Alfred] Stieglitz[21] —aquí está, pero tendrá que esperar—Así que ésta sólo es para informarte por qué he sido tan parca con las cartas—Pero ya mero voy a tomarme un descanso y me voy a poner a escribirte—Mi corazón siempre está contigo, querido, aunque no sea con el pensamiento—¿Comprendes?

Muy cariñosamente,

Tina

---

sin embargo todo se le iba en ser simpático, dicharachero, amigo excelente de sus amigos, sociable, y afecto a perder el tiempo [...] Si Germán tenía los conocimientos, aunque no los ímpetus para realizarlos, Lolita Velázquez de Cueto tenía una capacidad de trabajo insaciable. Ella inició a muchos artistas en el arte del grabado [...] que exploró por su cuenta hasta llegar a técnicas poco usuales. También a Lola se debe el redescubrimiento del guiñol», en Jorge Alberto Manrique y Teresa del Conde, *Una mujer en el arte mexicano. Memorias de Inés Amor*, p. 51.

[21] En mayo de 1927, Consuelo Kanaga se llevó a Nueva York seis u ocho fotografías de EW. Éste consigna en su diario que Kanaga le escribió sobre la reacción de Alfred Stieglitz cuando ella le mostró las fotos: «Ella escribe: "Stieglitz parecía desconcertado. En su opinión tu técnica es muy buena pero sentía que las fotos no tenían vida, fuego, que eran

162

A EDWARD WESTON

[México, D. F.]

Junio 25 [1927]

¡Dios mío, Edward, tus últimas fotos «me sacaron el aire»! Frente a ellas me quedo sin habla—Qué pureza de visión comunican—Cuando abrí el paquete no las pude mirar por mucho tiempo porque estremecían todos mis sentimientos internos hasta el grado de lastimarme.

Edward ésta es <u>sólo para decirte que las recibí</u>.

Hoy comeré con Felipe [Teixidor] y después que se las muestre te vuelvo a escribir.

Gracias por el gusto y por el estímulo que me dieron estas fotos—Si no te vuelvo a escribir hoy, con seguridad te escribiré mañana.

Tina

---

cosas más o menos muertas y que no eran parte de la actualidad". (!) ¿Si le hubiera mandado mi excusado, por ejemplo, cómo habría reaccionado entonces? ¡Y que tengo que dejar de hacer retretes y chimeneas para gustarle a Stieglitz! Las conchas, los cuerpos, las nubes, ¿no valen tanto como las máquinas de hoy? ¿Importa mucho qué *tema* se use para expresar un sentimiento ante la vida? ¿Y qué con las famosas nubes de Stieglitz? ¿Son más contemporáneas que mis temas? ¡Se contradice a sí mismo!... Me acuerdo del sueño que tuve hace un año en México: que Alfred Stieglitz estaba muerto. Si los sueños son simbólicos, éste fue un sueño importante para mí—», *The Daybooks of Edward Weston*, vol. II, p. 24, mayo 20, 1927. A juzgar por la observación de TM, EW le pudo haber contado la misma historia. (N. de Amy Stark.)

La misma mañana—Un poco después.

Estoy esperando que Felipe venga por mí—Tengo tus fotografías aquí enfrente—Edward—nada antes en el arte me había llegado como estas fotos—no las puedo mirar mucho tiempo sin sentirme excesivamente perturbada—No sólo me trastornan mentalmente sino también físicamente—Hay en ellas algo muy puro y al mismo tiempo muy perverso—Contienen tanto la inocencia de las cosas naturales así como la morbidez de una sofisticada mente retorcida—Me hacen pensar en lilas y en embriones al mismo tiempo—Son místicas y eróticas—Felipe acaba de hablar por teléfono suplicándome que lo vea en la *Pensión*—así que voy a meter esto en un sobre y en el camino lo pongo en el correo—Hasta más tarde.

Mismo día—Noche.

Querido Edward: esta mañana te mandé por el correo una nota breve—pero como ya vi a Felipe y le enseñé las fotografías aquí estoy otra vez—Pepe [Quintanilla] nos alcanzó en la comida así que cuando mostré tus fotos él también estuvo presente.

En fin, Edward, también en ellos la impresión fue formidable—Yo en particular me dediqué a estudiarlas pues me quedé extrañamente afectada por la primera impresión de estas últimas fotos tuyas—Ya conoces lo agudo que es Felipe en especial—aunque también Pepe es muy sensible y no se le van las sutilezas de las cosas—así que fue interesante escuchar sus comentarios y reacciones—En general sus reacciones fueron muy similares a las mías—Felipe se entusiasmó tanto con las fotos que prometió impulsivamente escribirte para comentártelas[22] ——Nos pasamos un par de horas discutiendo sobre las fotografías y sobre todo tipo de problemas que surgieron a raíz de las fotografías que teníamos enfrente——la discusión fue muy interesante para mí ya que trató precisamente de la manera en que el artista se acerca a la vida——Como la creación de un artista es resultado de cómo están su cabeza y su alma en el momento de la creación, estas últimas fotos tuyas demuestran claramente que tú en la actualidad tiendes hacia el misticismo——pero como también está ahí la vida de los sentidos, tus fotografías al mismo tiempo resultan muy sensuales y por eso te decía en la nota de esta mañana que son tanto místicas como eróticas——Ni siquiera puedo tratar de contarte todo lo que dijeron Felipe y Pepe y aparte me da mucho gusto que Felipe te vaya a escribir personalmente.[23]

---

[22] EW fotografiaba conchas desde mayo, cuando usó a Henrietta Shore para pintar un barco en una botella. Ya en junio mostraba a sus amigos estas fotos, y le compraron una de las que exhibió en San Diego. (N. de Amy Stark.)

[23] No existe una sola carta de Felipe Teixidor en el Edward Weston Archive. En la Colección Felipe Teixidor, en cambio, en el Archivo General de la Nación, en la Ciudad de México, hay dos cartas de EW dirigidas a Felipe Teixidor y Monna Alfau. La primera, del 1 de septiembre de 1930, es una felicitación a ciegas por el hijo que para entonces ya debía haber nacido. «Orozco y Alma Reed pasaron unos días conmigo», les cuenta EW. «¡Qué gran artista es Orozco! Acaba de terminar un fresco espléndido para Pomona College, que se llama *El muro de mayor vitalidad en Estados Unidos*». La otra, con fecha de febrero 19 de 1932, los invita a su exposición anual y les comenta algo de Flora Weston en el sur, quizás en México. Colección Felipe Teixidor, caja 6, expediente 28.

Hasta ahora ni siquiera te he dicho nada de la calidad fotográfica y de la exquisita textura de las conchas que lograste—eso claro que lo comentamos entre nosotros—sobre todo yo que veía todo eso con el ojo fotográfico bien abierto.

A la mañana siguiente—Junio 26 [1927]
Anoche llamó René [d'Harnoncourt]—No hay duda de la agudeza de sus críticas y de su reacción ante las cosas—Es raro además que sin que yo dijera una palabra, él también mencionara lo erótico entre sus reacciones ante las fotografías—lo cual me recuerda todo el erotismo que han sentido distintas personas en algunas fotografías como la del alcatraz, las rosas y Tepozotlán. René expresó igual que yo la perturbación que le causaban estas fotografías—Para usar sus propias palabras dijo que «Le temblaban las piernas».

Desde luego que se las voy a mostrar a Diego [Rivera] de alguna u otra manera—Se supone que la próxima semana voy a ir a la *Seg.* [Secretaría] para retratar su último fresco y me las voy a llevar con la esperanza de encontrármelo ahí.

Lupe [Marín] tuvo otra niña—Frances [Toor] dice que esta segunda está grande y muy sana.

Por cierto que F[rances] me suplicó que te pidiera que le enviaras algunas fotos de juguetes para números futuros de [*Mexican*] *Folkways*.

Voy a ir a ver a [Gabriel Fernández] Ledesma[24] a propósito de estas nuevas impresiones y a ver si quiere algunas.

[24] Gabriel Fernández Ledesma (1900-1982), editor de la revista *Forma* (1926-1928).

Esto es todo por hoy, querido——Espero que des por hecho que a pesar de usar las palabras perturbación——erótico etc.——me enloquecen tus últimas creaciones——son toda una inspiración y un gusto y te doy las gracias por ellas.

Es raro que ayer en la tarde——en una tienda de [San] F. [Francisco][25] y Madero viera un escaparate lleno de conchas como las que fotografiaste. Es muy probable que antes no las hubiese notado.

Cariñosamente
Tina

A EDWARD WESTON

[México, D. F.]
Julio 4 [1927]
Noche

Querido *Eduardito*: ¡por fin D[iego Rivera] vio tus fotografías! ¿Te acuerdas de su típica exclamación «¡Ah!» cada vez que se le ponía enfrente una fotografía nueva? Esta vez pasó lo mismo conforme le enseñaba las copias——cuando acabó la primera impresión, y después de un largo escrutinio en silencio de cada copia me preguntó abruptamente: «¿Está enfermo Weston?» Te repito puntualmente sus palabras, porque sé que sin duda te interesan muchísimo sus reacciones ante estas fotografías——Yo no sé qué impresión te cause este asunto de D. [Diego]——por mi parte lo interpreté con la

---

[25] La calle de San Francisco comprendía en ese entonces el tramo entre las calles de Bolívar y San Juan de Letrán, en la que hoy se llama avenida Madero.

misma expresión de inquietud física que experimenté yo——Luego dijo: «Estas fotos son biológicas——además de la emoción estética me inquietan de manera física——ves, me está sudando la frente——»Luego: «¿Es muy sensual Weston?» Luego: «¿Por qué no se va Weston a París? Élie Faure[26] se volvería loco con estas cosas——» y así siguió.

Ahora, Edward——te repetí escrupulosamente los comentarios de las pocas personas a las que les enseñé tus fotos——puedes ver que empezando por mí todo el mundo reaccionó igual ante ellas——Y yo te pregunto a ti: ¿Qué impresión causaron en Estados Unidos? No creo que tales reacciones se dieran nada más en México. Hay otra persona importante cuya opinión esperas con ansia. [Jean] Charlot——lo veré dentro de unos días——mientras te mando ésta.

Me llegó carta de Elena,[27] casi ilegible——Deduzco de ella que quiere que yo le mande a Elisa las cartas futuras que me envíe——Dile que ya no veo a E[lisa] pero que si tiene algún recado para su hermana yo le haré el *encargo* y que, tal como quiere ella, Pedro [Ortiz] no se enterará.

Mañana te pondré en el correo tres fotografías——Todavía no está reimpresa la del Alcatraz——pero no se me ha olvidado.

Algunos amigos ——amigos de Ella [Wolfe] están aquí provenientes de N.[Nueva] Y.[York]—— Querían ir a ver la escuela en la *Colonia de la Bolsa*——como yo también tenía mucho inte-

[26] Élie Faure (1873-1937), crítico de arte francés. En el otoño de 1931, guiado por Diego Rivera, Faure visitó México.
[27] Elena y Elisa Ortiz fueron las dos sirvientas que tuvieron TM y EW. Las dos se fueron a California a trabajar con EW. (N. de Amy Stark.)

rés en conocerla me ofrecí a llevarlos—Edward, al salir de ahí todos teníamos los ojos llorosos—Lo que ha logrado el señor Oropeza (fundador y director) es algo que no trataré de contarte aquí—Y cuando lo felicitamos por lo que había hecho nos dijo: «¡Sin los niños no hubiera podido hacer nada!» Les dan clases de Carpintería—Cocina—Costura—Imprenta—Fotografía—Horticultura —Zapatería, etc. Todo en pequeñísima escala, claro—pero en serio—cada clase cuenta con una persona experta como maestro—quiero decir: un cocinero profesional—un zapatero, etc. Todo está organizado sobre la base de sindicatos—cada clase tiene su delegado—se reúnen cada semana y discuten los problemas que surgieron durante la semana y la forma de mejorar todo—también tienen un departamento de justicia que eligen los niños y que está integrado por niños—Un caso: hallaron a un niño robando una cantidad considerable de dinero de los fondos comunes—¿Cómo crees tú que castigaron al niño? Haciéndolo tesorero.

Además del trabajo manual dedican ciertas horas para la instrucción general—y algunas para ejercicios, juegos, etc. Podría escribir y escribir sobre esto pero finalmente no te lo podría contar todo—El señor Oropeza está escribiendo un libro sobre la fundación y el desarrollo de esta escuela—John Dewey (uno de sus más grandes admiradores) prometió financiar la publicación.[28]

[28] John Dewey (1859-1952), filósofo y pedagogo estadounidense. Sus ideas sobre la Nueva Pedagogía enriquecieron las tareas de la enseñanza; entre los primeros en entender la democracia como una cultura, Dewey impulsó sus ideas a través de libros y cátedras en la Universidad de Columbia y en la Universidad de Tokyo.

En serio lamento que nunca visitáramos la escuela cuando estuviste aquí, como tantas veces lo planeamos.

Querido—esto es todo por esta noche.

Tiernamente como siempre,

Tina

Algo más que dijo D.[Diego]: «Weston debería escribir—Sería un <u>buen</u> escritor—» (Todas estas cosas las dijo mientras veía cuidadosamente tus fotografías una y otra vez.)

A EDWARD WESTON

[México, D. F.]

Julio 7 [1927]

Buenos días: las últimas cartas que te he mandado han estado tan dedicadas a tus fotos que se me olvidó mencionarte lo del anuncio del grato asunto de los «buenos viejos tiempos».

Anoche estuvo aquí [José Clemente] Orozco—No se me había ocurrido enseñarle tus fotografías de las conchas— pero platicando de sus murales más recientes, me explicó el significado de todos los dibujos en cierto tramo (en un mural)—me decía que él hace veinte o treinta dibujos rápidos al minuto en lugar de uno solo terminado cuidadosamente—así que le ofrecí mostrarle todos los desnudos realizados con la Graflex que has enviado—Le interesaron intensamente—dijo—«son como dibujos al carbón. Y sin embargo, de haberlos hecho un pintor académico serían malos —como fotografías no sólo son buenas sino además fuertes

y directas——convencen». Luego saqué las copias de las conchas——En fin, en pocas palabras, le gustaron más que <u>todas</u>
las otras colecciones juntas——de una dijo: «Ésta sugiere
mucho más "La mano de Dios" que la mano que hizo
Rodin»——se trata de la composición que a todos, incluyén-
dome a mí, nos ha hecho pensar en un acto sexual——es difícil describirlo——tienes dos muy similares——sólo que en
una de las composiciones la concha parada está de frente y
en la otra está de espaldas——me refiero a la de espaldas——
¿me entendiste?[29]

Edward——a fin de cuentas, no te he mandado las fotos
que te prometí——decidí esperarme otros días más e incluir el
Alcatraz.

Ayer me llegó tu carta de julio 1——más estudios con la
Graflex de Bertha [Wardell][30]——bellos——el de la pierna cru-
zada debajo de la rodilla es exquisito——también es uno de
mis favoritos el sentado con las piernas cruzadas——¡ay su
cabeza!

[29] Auguste Rodin (1840-1917) se convirtió en una pieza clave para muchos intelectuales y artistas estadounidenses gracias al entusiasmo del
fotógrafo Edward Steichen, quien por un año estudió al escultor entre
sus obras y quien realizó un retrato excepcional, *Rodin-The Thinker*; y
gracias también a la concurrida muestra de dibujos y acuarelas que
Marius de Zayas y Alfred Stieglitz montaron en la galería 291, en enero
de 1908. De hecho, Rodin fue el primer artista europeo moderno que se
vio en América. Así que la observación de José Clemente Orozco tocó
con seguridad una parte sumamente sensible del quehacer de EW y TM.
[30] Dice «Bertha» con letra de EW. «Ruth», escrito por TM, está tachado.
Bertha Wardell, bailarina de Los Angeles, empezó a posar para EW en
marzo de 1927. Al año siguiente, EW realizó una serie de su musculoso
cuerpo en reposo y en poses dancísticas. (N. de Amy Stark.)

Me temo que Lola Cueto le mandó a Monna [Sala] uno de los retratos que le hice y creo que me debo disculpar por eso en el caso de que tú la llegues a ver——Lo que pasó fue lo siguiente: le hice una media docena de retratos——luego me fui a despedir de ellos dos noches antes de su salida——no sabía qué llevarles y tenía unas copias malas de ella y decidí darle las que pudiera usar para los periódicos y las revistas, pues ella tiene planes de exhibir en el extranjero——en lugar de eso, cuando se las di, dijo: «¡Ay qué bueno!——ya le puedo mandar una a Monna, de las otras sólo me queda una para mí y deveras que le quiero enviar una a Monna»——Me siento fatal por esto, ya que las copias malas deveras que son malas, sin embargo no pude ser muy enfática en eso para no hacerle sentir que le estaba dando algo que en verdad no servía de nada——Te digo todo esto en defensa propia.

Con que Elisa está en Los Angeles. ¡Espero que no se convierta en una carga para ti![31]

A la mañana siguiente. Cuando Anita [Brenner] me pidió la copia que quería [Francisco] Goitia[32] no se me ocurrió

[31] Irónicamente, para este momento EW se había involucrado sexualmente con su sirvienta. En su diario escribió: «Ahora estoy de lo más satisfecho——físicamente con K. [Kathleen] o E. [Elena o Elisa]. A decir verdad K. piensa bien para ser una muchacha, ¡pero E. no me ofrece otra cosa que un cuerpo excitante! Por una de esas cosas raras de la vida uno de mis amores trabaja para el otro: E. es ahora la sirvienta de B. [Bertha Wardell]——¡y ninguna lo sabe!», *The Daybooks of Edward Weston*, vol. II, pp. 25-26, mayo 31, 1927. (N. de Amy Stark.)

[32] Francisco Goitia (1882-1960), artista mexicano, quien le mostró a EW la casa de vecindad en la que hizo su serie de fotografías del patio con tendederos. EW consignó esto en su diario: «Vimos a Goitia, un pintor

que tú la hubieras dejado—pero ayer buscando otra cosa, me la encontré.

Disculpa la molestia.

Es todo por ahora, querido.

Hasta lueguito.

Tina

A EDWARD WESTON

[Falta la primera página de esta carta, enviada desde México, D. F., *ca.* enero 1928][33]

...tú y los niños—todos sus temas son niños—Sus últimas cosas me interesan mucho—¡el muchacho tiene gran fuerza! Y su técnica mejoró mucho, naturalmente. (Me refiero tan sólo a la técnica del fresco.)[34]

Volvamos a la fotografía, Edward—No sabes con cuánta frecuencia me viene a la mente lo que te debo por ser tú la persona <u>importante</u> que en cierto momento de mi vida, cuando no sabía qué hacer, fue la única guía e influencia vi-

---

mexicano, en el patio de su casa anoche... lo hallamos haciendo un boceto del patio, aunque era imposible que él lo viera por la pared de ropa tendida... Una gran oportunidad para que yo hiciera algo—este laberinto de tendederos y ropa colgada, el zigzag de los lavaderos comunes de cemento», *The Daybooks of Edward Weston*, vol. I, pp. 197-98, octubre 22, 1926. (N. de Amy Stark.)

[33] Ew cita un fragmento en su diario el 8 de enero de 1928. (N. de Amy Stark.)

[34] TM tal vez se refería a Máximo Pacheco, quien había estado pintando frescos en las escuelas primarias de la Ciudad de México. (N. de Amy Stark.)

tal que me inició en este trabajo que no es sólo un medio de vida sino un trabajo al que he llegado a querer con verdadera pasión y que da muchas posibilidades de expresión (aunque últimamente no he usado a plenitud estas posibilidades).

De verdad, querido Edward—en mi corazón hay un profundo sentimiento de gratitud hacia ti y aunque esto no te lo diga a menudo, quisiera que supieras ¡lo genuino que es y será siempre mi aprecio! ¡Y sé que me crees! Me veo hable y hable con los amigos sobre este precioso trabajo que tú hiciste posible para mí—Me encantaría tanto verte aunque fuera un rato y decirte todo lo que mi corazón siente por ti—Ya llegará ese día—Nunca será demasiado tarde—Muy cariñosamente querido ¡por favor dime cómo estás!

Tina

A EDWARD WESTON

[México, D. F.]
Junio 6 [1928][35]
Querido Maestro Weston—como te dijo correctamente el doctor Witte[36] —tu última carta llegó ayer en la mañana y

---

[35] La fecha de esta carta se puede sacar a partir de las evidencias internas. Se sabe que los amigos de EW, Edith y Abad, fueron a México en diciembre de 1927, y como TM menciona que se fueron de México, ella debió escribir la carta después de esa fecha. A fines de mayo de 1928, Albert Boni se interesó en publicar un libro sobre México con las fotos y diarios de EW. Esto confirmaría que la carta se escribió en junio de 1928. (N. de Amy Stark.)
[36] El doctor y la señora Witte, pareja de alemanes a la que conocieron en México TM y EW. TM los visitó posteriormente en Berlín. (N. de Amy Stark.)

logró que todo el día fuera agradable——Antes de pasar a otras cosas, déjame que conteste tus preguntas: No fue el <u>gobierno</u>, no fueron los <u>católicos</u> los que suspendieron las misas, sino los <u>sacerdotes</u>——se pusieron en huelga, por así decirlo——en cuanto a usar o no mi nombre, la verdad, Edward, yo no lo puedo decidir[37]——Usa por favor el que <u>tú</u> quieras——sabe sin embargo que yo no tengo ninguna objeción en que tú uses el nombre real——así que, ¿qué importa? ¡Deveras espero que se lleve a cabo la proposición de Boni![38] Estoy tan contenta de que te hayan gustado los Witte——¡yo creo que son <u>personas verdaderas</u>!

Edward——yo no tengo mucha paciencia con gente como Edith y Abad[39] ——Personalmente, claro que son encantadores pero viven todo el tiempo en un mundo de quimera——son demasiado débiles para luchar con el presente, con lo inmediato, colocan todas sus esperanzas en el futuro, en lo que queda «a la vuelta de la esquina»——Ahora ya se fueron a España, al menos él partió con la misma idea o certeza de lo que puede hacer o conseguir allá que cuando llegaron a México——a lo mejor con menos——y es natural que el desencanto sea de ellos——se fueron con mucha amargura hacia México. ¡Qué absurdo echarle la culpa al país! Como sabes ya a estas alturas, yo los ayudé al principio en lo que pude, mi ayuda no se limitó al préstamo——pero cuando me empe-

[37] Tal vez sea una referencia a las fotografías de EW sobre TM que iba a mostrar en la exposición en el Berkeley Art Museum. (N. de Amy Stark.)
[38] Ver *The Daybooks of Edward Weston*, vol. II, p. 59. (N. de Amy Stark.)
[39] Amigos de Los Angeles, California. (N. de Amy Stark.)

cé a dar cuenta cómo eran, sentí que toda la ayuda que se les podía dar no era realmente ayudarlos sino fomentar su debilidad.

Mamacita se irá a vivir a Pasadena con Mercedes [Modotti]—tengo entendido que van a tener una casa con patio para que mamá críe pollos—¡así que no podrás dejar de ir a verlas alguna vez!

Mis saludos para el muchacho guapo[40] —y para ti *Eduardito* mi devoción de siempre

Tina

A XAVIER GUERRERO[41]

México [D. F.]
Septiembre 15, 1928
X: no hay duda alguna que ésta será la carta más difícil, más penosa y más terrible que yo habré escrito en toda mi vida; he tardado mucho antes de escribirla, antes que todo porque quería estar bien segura de lo que te voy a decir, y, segundo, porque sé de antemano el terrible efecto que esto tendrá sobre ti.

[40] TM se refiere tal vez a Brett Weston, entonces de 17 años de edad. (N. de Amy Stark.)
[41] TM dijo haber conocido a Xavier Guerrero en Los Angeles, California, a donde fue comisionado a exhibir arte popular en 1923. Ew retrató a Elisa Guerrero, hermana de Xavier, en los primeros meses de su estancia en México. Este es el borrador —en español originalmente– de la carta que TM debió enviarle a Xavier Guerrero, por las mismas fechas que éste indica. El pintor salió de México rumbo a Moscú a mediados de 1928. Este borrador lo publicó el *Excélsior* el 16 de enero de 1929.

Necesito de toda mi calma y de toda mi seguridad de espíritu para exponerte mi caso claramente, sin ambigüedades, y, sobre todo, para no dejarme emocionar, lo que sería inevitable si me pusiera a pensar en lo que para ti representa esta carta.

X, a veces, cuando pienso en el dolor que te voy a causar, me parece de ser un ser monstruoso más que un ser humano; y no dudo que tú sí pensarás esto de mí. Otras veces me veo como un pobre ser víctima de una terrible fatalidad y con una fuerza oculta que a pesar mío me hace obrar como obro en la vida. Pero soy yo la primera en rechazar estos factores «fatalidad o fuerza oculta», etc. Entonces, ¿qué queda? ¿Qué es lo que soy? ¿Por qué obro así? Creo sinceramente tener sentimientos intrínsecos buenos, y de haber buscado siempre el bien para los otros antes que para mí, de no ser cruel por serlo—prueba está que cuando lo tengo que ser como ahora contigo, yo sufro, más que tú tal vez, por sus consecuencias.

Pero ya es tiempo que te diga lo que debo decirte: Quiero a otro hombre, lo quiero y él me quiere a mí, y este amor ha hecho posible lo que creía nunca podría pasar, o sea: dejar de quererte a ti.

X, podría hacerte un largo relato de toda la historia de este amor; de cómo nació, de cómo se desarrolló hasta el grado de hacerme resolver a decírtelo; de cómo he luchado conmigo misma para extirparlo de mi vida (te juro que hasta en el suicidio he pensado, si éste hubiese podido dar una solución que no fuese cobarde). Podría relatarte, en fin, todas las torturas causadas por este terrible dilema que tenía en frente a mí; en todo he pensado, y principalmente a ti (esto no te ofenderá, estoy cierta). Más todavía he pensado en las consecuencias

177

que mi paso tendrá sobre el trabajo revolucionario. Ésta ha sido mi más grande preocupación, más grande aún que la preocupación de ti. Y bien, he llegado a la conclusión de que, como quiera que sea, contigo o con otro, aquí o en otro lugar, lo poco de utilidad que yo puedo dar a la causa, a nuestra causa, no sufrirá, y eso porque el trabajo para la causa no es para mí un reflejo, ni el resultado de querer a un revolucionario, sino una convicción muy arraigada en mí. Y por lo cual debo mucho a ti, X. Tú fuiste quien me abrió los ojos, tú fuiste el que me ayudaste en los momentos cuando sentía bajo mis pies había empezado a tambalear el puntal de mis viejas creencias. Y pensar que por todo lo que tú me has ayudado yo ahora te pague así. ¡Qué terrible, X! Lo único que me da un poco de consuelo es el saber que eres muy fuerte y que lograrás dominar el dolor que yo te causo. Yo me pregunto si tú ahora dudarás de la sinceridad de como te he querido. X, por la vida sagrada de mi madre te juro que te he querido como nunca había podido querer antes en la vida, y te juro que el sentimiento que tenía por ti era el más grande orgullo de mi vida. Y a pesar de esto ha pasado lo que ha pasado. ¿Cómo fue posible? Yo misma no lo sé, no lo comprendo, pero sí siento que lo que pasa ahora es una realidad precisa e inevitable y que no puedo menos de obrar como obro.

Pensaba de esperar para decirte todo esto verbalmente a tu regreso aquí, o ir allá donde tú estás, para decírtelo; pensaba que esto sería más honrado y más leal que decirlo por este medio que estoy empleando; pero me di cuenta que seguir escribiéndote en el tono que antes era lo natural, pero que ahora sería fingido, sería engañarte, y te respeto demasiado para hacer esto y también no puedo, no debo engañarte o traicionar la realidad presente. Yo siento que no debo quererte más; siento que esto debe de ser también tu deseo, y te prometo que para cuando regreses ya me habré ido de aquí. No te pido una contestación, ¿para qué? Ya me imagino de antemano lo que me contestarías; pero sí quisiera tener la seguridad de que esta carta llegue a tus manos, porque no quiero alterar nada de mi vida hasta saber esto.

A Edward Weston

México [D. F.]
Septiembre 18, 1928
Querido Edward: ¿ya te escribió Jean [Charlot]? Le leí tu última carta en la que dices que le enviaste una carta extensa a Yucatán;[42] ésta no le llegó nunca, se sintió muy mal por la pérdida, y prometió escribirte.

¿Te llegó la revista que te mandé a cargo de la dirección de Glendale?[43] Perdí tu dirección en S[an] F[rancisco] y me arriesgué a enviarla allí, y ahora me estoy volviendo a

[42] Jean Charlot vivió algún tiempo en las instalaciones de la Carnegie Institution junto a las ruinas de Chichén Itzá en Yucatán. Charlot participó en calidad de dibujante en algunas de las investigaciones arqueológicas patrocinadas por la Carnegie.
[43] Amy Stark piensa que TM tal vez se refería a *Forma* (vol. I, no. 4, 1927), que traía sus fotografías. De tratarse de *Forma*, yo creo que pudieron ser cualquiera de los dos números que salieron en 1928, ambos ilustrados profusamente por TM, sólo que en el que fue el último número de esta revista de artes plásticas, Francisco Monterde publicó un ensayo sobre EW.

arriesgar al enviarte esta carta, también ahí mismo. Espero que te llegue.

No he recibido aún *Creative Art* y estoy impaciente por verla.[44]

Edward, ¿ya te había dicho que aquí hubo una exposición de fotografía? En fin, me hubiera gustado que la vieras; ¡fue un verdadero desastre! Yo también expuse; primero me había negado, pero gente amable como [Antonio] Garduño insistió en que participara y me pareció que interpretarían mi negativa como snobismo, por lo que acepté y luego me saqué un premio. Pero no te emociones, apenas fue la quinta parte del primer premio, ya que hubo cinco primeros lugares; una manera encantadora de quedar bien con varios a la vez y de no mostrar parcialidades, ¿no lo crees? Todavía no nos dan los premios, pero tengo entendido que consisten en una medalla (hecha en París) y diploma—¿no estás orgulloso de tu alumna? Me hubiera gustado que leyeras algunos de los comentarios del periódico sobre las distintas fotos. De una: la cabeza de un anciano con la barba negra, una cosa terrible, algo que Jane Reece[45] pudo haber hecho y llamado «El hijo del hombre» por ejemplo, un futuro crítico de arte dijo: «La técnica con que se ejecutó la barba nos hace sentir las pinceladas de Cézanne». Suficiente, ¿no crees, Edward?[46]

---

[44] Ew publicó varias páginas de su diario en el número de agosto de 1928 de la revista de Albert Boni *Creative Art*. (N. de Amy Stark.)

[45] Jane Reece (1868-1961), fotógrafo pictórico de Daytona, Ohio. (N. de Amy Stark.)

[46] La muestra se llamó Exposición de Arte Fotográfico Nacional y en ella TM expuso las fotos de la canana, la guitarra y la mazorca; junto con

Tu pregunta sobre Diego [Rivera]: No, yo no he leído que le fueran a destruir sus cosas, aunque hay muchas personas que con gusto las destruirían si pudieran. Claro que lo más reciente que ha hecho no me gusta, y se lo he dicho, pero él insiste en que observadas aunque sea sólo como «pintura» son las mejores cosas que ha hecho. Conforme pasa el tiempo, me doy cuenta de que [José Clemente] Orozco me gusta más y más, siento el genio. Sus cosas resplandecen con una fuerza interior que no se siente nunca en las de Diego. Diego comenta demasiado, últimamente se ha puesto a pintar detalles con una precisión que irrita, no le deja nada a la imaginación. Con las cosas de Orozco sientes que puedes empezar en donde él acabó y eso es muy satisfactorio. Con Orozco también se siente que él nunca dice todo lo que siente y sabe, en ese sentido es demasiado paciente, nada más sugiere y sigue adelante, al principio atribuí eso a un oficio imperfecto, pero ahora pienso distinto.

Bueno, Edward, buenas noches, yo <u>también</u> pienso en ti con frecuencia y siempre estoy consciente de la finura de tu persona y de tu vida. Salúdame a los niños, por favor. Devotamente,

Tina

---

las del teclado de la máquina de escribir y el tanque de petróleo. Manuel Álvarez Bravo expuso ahí fotos de un plumero, pajaritas de papel, rana y jaula. También participaron Roberto Turnbull, Hugo Brehme, L. García Smarth, E. Mendiola y Antonio Garduño, quien obtuvo el primer gran premio de honor. Garduño fue uno de los tres fotógrafos de planta en la revista semanal *Pegaso* (1917), dirigida por Enrique González Martínez, Efrén Rebolledo y Ramón López Velarde. En la década de los veinte, Garduño realizó una gran cantidad de desnudos de Nahui Olín.

A CARLETON BEALS

México [D. F.]

Noviembre 20 [1928]

Querido *Cognato**: ésta no es la forma oficial en la que debo tratarte, pero es porque somos *amigos de confianza*.

Y luego de este preámbulo te quiero preguntar: ¿estarías dispuesto a permitirnos emplear tu precioso nombre para nuestra lista de los miembros que integrarán el Comité Antifascista? Eso será como un «miembro honorífico», no tendrás que involucrarte en ninguna actividad específica si no quieres ——aunque tendremos necesidad de contar con oradores expertos en fascismo——, es el nombre lo que queremos.

Ya aceptaron estas personas: señora Belén de Zárraga, el doctor León, el profesor Ramos Pedrueza, Rubalcava, Laurito, y hoy me pondré en contacto con [Jesús] Silva Herzog con el mismo fin.

Por favor «Carletoncito», respóndeme con lo que te parezca.

Saluti antifascisti,

Tina

---

*Cognato: cuñado.

La esperanza en el desierto

Y tengo que admitir esto, yo, que siempre he dado tanto de
mí, he dado todo de mí con esa exaltación que transforma
la dádiva en la más grande voluptuosidad para el que da.

Tina Modotti

1929-1930 y las ceremonias del adiós
Éste es el último tramo y en las cartas a Weston apare-
cen primero ciertas reservas y silencios significativos.
Después las diferencias con los viejos amigos tan queri-
dos al principio, el presentimiento de los adioses. Un poco
más adelante: la repentina expulsión del país, la vuelta
a Europa, el aviso de un largo viaje hacia las noches
blancas del silencio.

Esto comienza el 10 de enero de 1929. Julio Antonio
Mella, del brazo de Tina Modotti, es víctima de un
atentado por el que horas después pierde la vida. La
prensa de la capital se vuelca sobre la enigmática,
atractiva, fatal italiana. Del cateo sigue la exhibición
amarillista de una investigación policiaca que en prin-
cipio inventa un motivo pasional en el asesinato de
Mella. Diego Rivera es entusiasta defensor de Tina Mo-
dotti. En su ayuda acude también el caricaturista Mi-

guel Covarrubias. Una vez resuelto el caso, esto es, una vez que la investigación acepta y reconoce el sesgo político que hay en él, Tina Modotti regresa a sus actividades cotidianas. Las fotos y la militancia. En diciembre de ese mismo año, sin duda para recomponer la imagen pública de Tina Modotti, sus amigos le organizan una exposición fotográfica en la Universidad Nacional. Para entonces ella no quiere saber nada de Diego Rivera, expulsado recientemente del PCM; es una mujer a la que le importa de un modo central la fidelidad partidista.

Tina Modotti vuelve a caer en manos de la policía mexicana, a raíz del atentado del 5 de febrero de 1930 contra Pascual Ortiz Rubio al dirigirse a la ceremonia en la que recibiría la banda presidencial para el periodo 1930-1934. Las celdas de la ciudad se llenan de vasconcelistas y comunistas, de quienes las autoridades esperaban algo así desde varias semanas atrás. En calidad de deportada, Tina Modotti sale del país rumbo a alguna de las ciudades de Europa.

En Berlín, Tina Modotti intenta retomar la fotografía, no obstante el gasto emocional y económico que esto supone. La competencia, por un lado, es fuerte; su equipo, por otro, ni siquiera es compatible con los utensilios y papeles que se fabrican y emplean en Europa. Está y no está sola pues trabaja para el Socorro Rojo Internacional. Tina Modotti, por último, se va a vivir a Moscú en octubre de 1930 y desde allá escribe la última carta que le envió a Weston.

A ANITA BRENNER

México, D. F.
Marzo 9, 1929
Abraham González 31
Querida Anita: hace algún tiempo le escribí a [José Clemente] Orozco y le dije que aquí hay una fuerte demanda por las reproducciones de sus frescos, y que debería ponerse en contacto contigo sobre esos 14 ó 15 negativos que te envié allá en 1927. Es evidente que Orozco no consiguió los negativos pues en tal caso me los habría remitido sabiendo lo difícil que sería obtener buenas impresiones con quien no conociera los negativos y la pericia necesaria para lograr copias buenas.

Ahora recurro a ti y espero que encuentres un poco de tiempo para contestarme en relación a mi solicitud. Sé que debes estar muy ocupada pero apelo a tu gentileza, o si prefieres la palabra en español: a tu *amabilidad*.

¿No te gustaría estar aquí ahora mismo? Los *Generalotes* se han divertido de lo lindo con su *asonada*, lo malo nada más es que los fusilan en el instante en que los atrapan, a varios ya los han *pasado por las armas* y muchos van para allá... Estos *generales* son en realidad la Plaga de México y aun así todos ellos afirman pertenecer a la *Familia Revolucionaria* y se refieren a sí mismos como «*Nosotros los revolucionarios*», etc. Pobre revolución, de ella se podría decir lo mismo que del Arte: «Cuántos crímenes se cometen en tu nombre».

En fin, te envío un mexicano *Hasta la vista*, aunque no

tengo la menor idea cuándo será eso, pues al parecer te has olvidado de estas regiones, y yo, por otra parte, no tengo el menor de los deseos por volver a la tierra de la «Diplomacia del Dólar».

Sinceramente tuya,

Tina

A EDWARD WESTON

[México, D. F.]

Abril 5, 1929

Mi queridísimo Edward: Monna [Sala] me acaba de dar la terrible noticia ~~de~~ sobre Brett[1] ——Estoy tan impresionada que no puedo pensar con claridad——¿ya está mejor? Pobre niño, no acabo de entender esta desgracia——¡parece tan terrible! ¡Por favor dile que lo siento mucho y dile que lo siento con todo el corazón! Últimamente yo he sufrido mucho y tengo el corazón tan lleno de dolor y pesar que estoy más receptiva al sufrimiento de mis seres queridos.[2] Oh Edward, estar cerca de ti por un momento——poder ~~abrir~~ soltar todas las emo-

---

[1] Brett Weston fue a montar a caballo con Merle Armitage el 21 de marzo de 1929. Su caballo se fue al suelo y le aplastó la pierna a Brett, por lo cual tuvo que someterse a cirugía y a una larga recuperación. (N. de Amy Stark.)

[2] El 10 de enero de 1929, Julio Antonio Mella, compañero de TM, recibió dos balazos que al fin le costaron la vida. La presencia de TM en la escena del crimen fue en buena medida el comienzo de la leyenda negra de esta italiana, pues primero la policía mexicana y años después la fantasía de numerosos excomunistas y compañeros de ruta le adjudicaron a ella la muerte de este famoso dirigente cubano.

ciones atoradas que me oprimen el corazón—podrías no estar de acuerdo con todo lo que te dijera—eso no importa; pero comprenderías la tragedia de mi alma y la sentirías conmigo—¡y eso no lo puede hacer todo el mundo!

Pero en estos días no puedo ni darme el lujo de mis penas—yo bien sé que éste no es el momento para las lágrimas; es cuando más se espera de nosotros y no debemos claudicar—ni detenernos a la mitad del camino—el descanso es imposible—ni nuestra conciencia ni el recuerdo de las víctimas muertas nos lo permitirían—vivo en un mundo distinto, Edward—resulta extraño cómo esta misma ciudad y este mismo país me pueden parecer ¡tan diferentes de lo que me parecían hace años! A veces me pregunto si deveras habré cambiado tanto o si sólo se trata de una superestructura que me hubiera puesto encima. Claro, cambié mis convicciones, de eso no hay la menor duda, pero en cuanto al modo de vida, los gustos, los hábitos nuevos, etc., ¿son sólo el resultado de vivir en cierto medio, o en verdad vinieron a sustituir la vida anterior? Esto no lo dije con mucha claridad; quiero decir: ¿he asumido en realidad estos hábitos nuevos nada más para llevarla en paz con el nuevo medio ambiente o en verdad sustituyeron a la vida anterior? Nunca antes me detuve para preguntarme esto y no entiendo por qué lo hago ahora; supongo, querido, que fue nada más el deseo de hablar contigo como en los viejos tiempos...

Aquí está Benvenuto [Modotti][3] y manda *saludos* a *Eduar-*

---

[3] Benvenuto, hermano menor de TM. Monna Alfau le escribió sobre él a EW: «La semana pasada vi a la querida Tina, es una muchacha valien-

dito. Es un muchacho muy bueno y cabal, ¡y un gran *camarada*!

Buenas noches Edward, otra vez salúdame a Brett, ¡ojalá que pronto esté bien! ¿Hay algo que yo pueda hacer por ustedes dos?

P. D. Hay algo que se me ha estado pasando pedirte en mis últimas cartas——Las cosas aquí son muy inciertas para los «extranjeros perniciosos»——Estoy preparada para lo peor—— cualquier día nos pueden aplicar el «33»——quiero tener todas las cosas en orden, lo más que se pueda——¿Qué debo hacer con todos tus negativos?[4] El único cliente que alguna vez volvió a ordenar algo fue O'Hea[5] ——los demás negativos ahí se han quedado todos estos años——¿Te los mando? ¡Por favor dame instrucciones!

[Sin firma]

---

te y hay mucho por qué admirarla. Ha pasado por muchas cosas tristes pero ella es una mujer fuerte, una amiga leal. No la vemos tan seguido como quisiéramos, pero sabemos que todo el tiempo está ocupada. Nunca nos viene a ver o va a ver a nadie; pero todos la quieren igual y la entienden, ¿qué sería la amistad sin la comprensión? Ahora está aquí su hermano Benvenuto, todavía no lo conozco, pero los que ya lo conocen dicen que es un muchacho encantador y Tina me decía que será una gran compañía para ella y una gran ayuda ahora...». Monna Alfau a EW, marzo 2, 1929, Edward Weston Archive. (N. de Amy Stark.)

[4] TM le pudo enviar algunos negativos a EW, aunque él también se llevó algunos cuando se fue de México, y TM aún conservaba otros cuando llegó a Alemania en 1930. (N. de Amy Stark.)

[5] Patrick O'Hea, acaudalado negociante irlandés a quien retrató EW. (N. de Amy Stark.)

A Edward Weston

México, D. F.
Julio 4 [1929]
Querido Edward: acabo de empaquetar veinte (20) fotografías para el Berkeley Art Museum. Únicamente veinte y ya que están empaquetadas y listas para enviarlas me gustaría poder quitar la mitad. Estoy segura que si no fuera por la lata de deshacer el bulto, sacaría diez por lo menos. La verdad, Edward, es que debo ser muy cínica para enviar esta muestra, y sobre todo para mandarte los pobres esfuerzos de estos dos últimos años de trabajo. Pero ya te lo dije por escrito muchas veces, así que estarás preparado para lo peor. Te ruego, y hasta te insisto, que por favor quites todas las que según tu criterio sea mejor no incluir. Cuando digo criterio, me refiero a la parte técnica del trabajo, porque eso es lo que más me preocupa. Tú sabes Edward que todavía conservo el buen patrón de la perfección fotográfica, el problema es que me han faltado el ocio y la tranquilidad necesarios para trabajar satisfactoriamente. Tenía que aprovechar los pocos momentos esporádicos e interrumpía mi trabajo a cada rato, y donde se ve es en el resultado final. A veces siento que sería más honesto de mi parte hacer a un lado todas las pretensiones y dejar de hacer fotografía, aparte del trabajo puramente comercial y los retratos. Sin embargo, eso es un sacrificio y me duele nada más de pensarlo, así que sigo pero los resultados nunca me dejan satisfecha.

Edward, no mando montadas las fotos, espero que el museo se encargue de eso, en su carta no me especificaron ese

189

punto; pero en el caso de que quieran las fotos montadas te suplico a ti y a Brett que lo hagan. Por favor disculpa el encaje, pero la verdad es que pensé que montarlas era darles demasiada importancia y que la gente de la aduana podría cobrar un cargo o algo.

Quiero que el retrato de [Julio Antonio] Mella lleve al pie su nombre, aunque los otros no tengan título.

Tu carta que incluía la del comprador de arte se la pasé a Diego [Rivera],[6] y me dijo que le habían ofrecido una exposición en las Stendhal Galleries[7] y me suplicó que te escribiera y que te preguntara cuál de los dos lugares consideras el más importante. No tiene suficiente para mandar a las dos y seguiría tu consejo.

Así que por favor para el próximo tiempo libre que tengas escribe algo sobre esto.

Esto es todo por el momento, les mando a ti y a Brett los más tiernos de mis abrazos y de mis pensamientos

Tina

Tal vez pudieras añadir las pocas fotos mías que tú tienes.[8] No me acuerdo con exactitud cuáles son pero sé que deben ser de las mejores.

[6] Ew le estaba ayudando a Diego Rivera a encontrar lugar para exhibir su obra en Estados Unidos. (N. de Amy Stark.)
[7] Stendhal Galleries, 7055 Hillside Avenue, Los Angeles. (N. de Amy Stark.)
[8] Ew tenía muestras de la obra de TM que se llevó con él de México y que ella le enviaba en las cartas. Más adelante, EW obsequió *Roses* (1924) y *Elisa* (1924) al Museum of Modern Art de la ciudad de Nueva York. Ew consiguió exponer otras fotos de ella durante la década de los treinta. (N. de Amy Stark.)

A EDWARD WESTON

México, D. F.

Septiembre 17 [1929]

Querido Edward: *¿qué te pasa? ¿Por qué tan silencioso?*[9]
¿Todo bien? Escríbeme pronto y cuéntame cómo están tú y
Brett; todavía sigo en México, como podrás darte cuenta,
pero es tan desagradable no saber cuánto más tiempo lo de-
jarán quedarse a uno que resulta casi imposible hacer planes de trabajo, aunque claro que la actitud más sabia es
simplemente la de seguir avanzando, hacer todo lo que uno
se proponga hacer como si no fuera a pasar nada que llegue
a echar a perder los planes personales.

Óyeme Edward, ¿te acuerdas cómo se llamaba ese retocador que durante años trabajó para nosotros, aquí, antes
del cojo? Yo me acuerdo que trabajaba muy bien, aunque
cobraba mucho, pero estoy tan desesperada que pagaría lo
que fuera con tal de que me hicieran bien las cosas. A lo
mejor ya no está en la ciudad, pero de cualquier modo me
gustaría investigarlo, y no lo puedo hacer porque no me
acuerdo cómo se llama.

Te estoy enviando unas cuantas de las postales de T[e-
huantepec], discúlpame pero sólo te mando de las que tengo
los duplicados a la mano, claro que cuando estuve allí hice
muchas más, pero por desgracia la mayoría está en las mis-

---

[9] Entre el 17 de septiembre y la carta anterior de TM, la solitaria vida de
EW en Carmel se volvió agitada y ruidosa. Ramiel McGehee, Sonya
Noskowiak, así como sus tres hijos, Brett, Neil y Cole, estuvieron vivien-
do con él. (N. de Amy Stark.)

mas condiciones que las que te envío, borrosas o movidas, todas las exposiciones las tuve que hacer a las carreras, las mujeres apenas me veían con la cámara aumentaban automáticamente la velocidad del paso; y por naturaleza caminan rápido.

Te voy a mandar tres o cuatro copias más en caso de que haya tiempo de añadirlas a la exposición. Eso lo haré la próxima semana.

Hoy me llegó una carta encantadora de la señora Witte,[10] proveniente de Alemania; ¿no has sabido tú nada de ellos? Dime Edward, ¿ya dejaste de pensar en ir a Europa? ¿No sería fabuloso que en un futuro nos encontráramos allá? Tú sabes que yo estoy segura que dentro de poco voy a estar por allá; todo apunta hacia allá y para serte sincera me empiezo a sentir inquieta. En la casa estamos pensando enviar a *mamacita* de regreso, pero creo que esto ya te lo dije.

Estoy pensando muy seriamente en montar aquí una exposición dentro de poco,[11] siento que de irme del país, casi que le debería al país una exposición, no tanto por lo que yo he hecho aquí, sino en especial por lo que aquí se puede hacer, sin recurrir a las iglesias coloniales y a los *charros* y a las *chinas poblanas* y a la basura similar que

[10] El doctor y la señora Witte se hicieron amigos de TM y EW en México. (N. de Amy Stark.)

[11] TM montó una exposición individual en el vestíbulo de la Biblioteca Nacional, sita en el antiguo templo de San Agustín, patrimonio de la Universidad Nacional Autónoma de México. Esta exposición duró montada los primeros quince días del mes de diciembre de 1929. La inauguró el rector de la UNAM, Ignacio García Téllez.

practica la mayoría de los fotógrafos. ¿No lo crees tú así, querido? Por cierto, ¿nunca te dije que me ofrecieron el puesto de fotógrafo oficial del Museo Nacional [de Arqueología, Historia y Etnografía], hace unos meses?[12] Por tentadora que fuera, no podía aceptar la proposición. Muchos me criticaron por decir que no, pero eso era imposible, como miembro del partido así como compañera de [Julio Antonio] Mella; este gobierno no hizo absolutamente nada en cuanto a la justicia, cuando tuvo la oportunidad del mundo, tuvo en sus manos al más culpable de los responsables y lo dejaron libre.[13] En fin, en lo que se refiere al trabajo siempre tengo mucho, de hecho más del que puedo hacer, tomando en cuenta que no le puedo dedicar todo mi tiempo a la fotografía.

Bueno querido, ya debo acabar, ¡con un gran abrazo para ti y para Brett!

¡Siempre con ternura!

T

<u>Al día siguiente</u>.

¿No te parece fabuloso? Anoche te escribí la página anterior y antes de que tuviera tiempo de mandártela, ¡el cartero me trajo esta mañana uno de esos sobres tan familiares con una

---

[12] A la muerte de José Ma. Lupercio, el fotógrafo de este museo, TM pudo haber sido la sustituta más indicada.

[13] La policía mexicana apresó a José Magriña y le tuvo en la cárcel un tiempo, muy breve, por la muerte de J. A. Mella. La libertad de Magriña ocasionó numerosas protestas de los miembros del PC mexicano en contra del gobierno y la representación cubana en México.

letra que conozco todavía mejor! ¡Me encanta recibir noticias tuyas!

Hoy le voy a enviar a Diego [Rivera] la carta del doctor A. B. Cecil.[14] En cuanto a su exposición, yo tengo entendido que él no tiene nada que mostrar, tú sabes que él no pinta mucho en lienzo y que lo poco que hace lo vende inmediatamente. Zeitlin[15] vendió un Rivera a 750 dólares, nada más con la foto porque D[iego] no se animó a enviar la pintura para aprobación. Ahora Zeitlin está a punto de venderle otro cuadro más con el mismo procedimiento. Podrás ver que a los clientes ricos lo que en verdad les importa es su nombre, porque ¿cómo te explicas que escojan una pintura a partir de una foto?

Junto con tu carta llegó otra de la curadora del Berkeley Museum, pidiéndome que le enviara las fotos; ella ignora evidentemente que ya están en tus manos.

¿No te había dicho que Diego se casó? Eso iba a hacer. Una muchacha encantadora de diecinueve años, de padre alemán y madre mexicana; pintora.[16] *¡A VER QUÉ SALE!* Su nueva dirección es: *Paseo de la Reforma 104.*

[14] Diego Rivera le escribió a EW a finales de septiembre pidiéndole consejo respecto a dónde exhibir sus pinturas en Estados Unidos. Añadía que le enviaba una foto de una de sus telas para el Dr. Cecil. Diego Rivera a EW, septiembre 21, 1929, Edward Weston Archive. (N. de Amy Stark.)

[15] Jake Zeitlin, vendedor de fotografías y libros raros en Los Angeles. (N. de Amy Stark.)

[16] Diego Rivera se casó con Frida Kahlo (1907-1954) en el mes de agosto de 1929. TM, según varios testimonios, prestó la azotea de su casa para la fiesta.

Pero la noticia más sorprendente sobre D[iego] es otra, que mañana llegará a todos los rincones del mundo, sin duda tú te vas a enterar antes de que esta carta llegue: Diego fue expulsado del partido. La decisión se tomó apenas anoche. Razones: que los numerosos trabajos que aceptó últimamente del gobierno—decorar el Palacio Nacional, la Dirección de Bellas Artes, decorar la nueva Secretaría de Salubridad—son incompatibles con un militante activo del p[artido]. No obstante el p[artido] no le pedía que dejara su puesto, lo único que le pidieron fue que se manifestara públicamente diciendo que asumir estos trabajos no le impedía luchar en contra del actual gobierno reaccionario. Toda la actitud de él últimamente ha sido muy pasiva en lo relacionado con el p[artido] y no quiso firmar la declaración, por lo que lo expulsaron. No quedaba otra alternativa. Te das cuenta que este asunto tiene muchos flancos, todos sabemos que él es mucho mejor pintor que miembro del p[artido] por lo que el p[artido] no le pedía que abandonara la pintura, no, lo único que le pidieron que hiciera era una declaración y hasta ahí. Todos sabemos que el gob. le confió todos estos trabajos precisamente para sobornarlo y para poder decir: ¡Los rojos dicen que somos reaccionarios, pero vean, permitimos que Diego Rivera pinte todos los martillos y las hoces que quiera en los edificios públicos! ¿Ves la ambigüedad de su postura?

Yo creo que su salida del partido le hará más daño a él que al p[artido]. Se le considerará, y eso es lo que es, un traidor. No tengo que agregar que yo también lo veré como tal, y a partir de ahora toda mi relación con él se limitará a nuestras transacciones fotográficas. Por lo tanto te agradeceré que trates directamente con él lo relacionado con su trabajo.[17]

Hasta luego querido.

[Sin firma]

A ANITA BRENNER

México, D. F.
Octubre 9, [1929]
Querida Anita: soy víctima de una sorpresa tan agradable que ignoro cómo expresarla con palabras; tengo ante mí sobre mi mesa un ejemplar de *Idols behind Altars*, con una dedicatoria para mí, y resulta difícil convencerme de que en verdad es para mí. Tal vez debiera esperar y leerlo antes de escribirte, pero no puedo esperar, tengo que comunicarme contigo de inmediato y enterarte cuánto te agradezco que te acordaras de mí y ¡cuánto aprecio este hermoso libro! Qué hermosa presentación y qué cantidad de emociones y recuerdos me suscita hojear las varias fotografías realizadas en

---

[17] Bertram Wolfe escribió que en 1924 él le sugirió a Diego Rivera salirse del Partido Comunista. Por horas, sigue la anécdota, conversaron sobre este asunto, según lo que consignó Wolfe en su autobiografía *A Life in Two Centuries*; como simpatizante, pero fuera del partido, Rivera era más útil a las causas de la izquierda, sostenía Wolfe. «Apenas me fui de México», escribió Wolfe, «tanto Diego como el Comité Central se apresuraron a deshacer mis esfuerzos. En 1926, Diego fue readmitido en el Partido, y en 1929 se le expulsó, pues Stalin ordenó al Partido que encontrara y expulsara a la "amenaza de la derecha", y el Partido encontró en Diego a un chivo expiatorio».

tantos rincones de México. ¡Siento vicariamente la satisfacción que debiste experimentar cuando diste a luz al primer hijo de tu cerebro! Me pregunto en qué estás trabajando ahora. ¿Hay alguna posibilidad de que regreses a este país? Veo a mi alrededor y descubro que son tantos los que se han ido en los últimos dos, tres años, pero entonces me aparece una leve sonrisa de malicia, pues sé que algún día volverán; ahí está esa honda, evasiva, subterránea y casi me atrevo a decir reptil atracción que nos hace volver. Ahora le toca a Carleton [Beals]; esperamos que vuelva a fines de este mes; entonces tal vez te toque a ti, *¿quién sabe?* Esta idea de regresar aquí me obsesiona en este momento pues estoy pensando seriamente en «recoger mis cosas y partir con el viento»... No será por unos cuantos meses pero creo que es inevitable. Me urge hacerme de una nueva perspectiva para mí, y también tengo que probarme nuevamente, hasta cierto punto, confirmarme; es sobre todo una necesidad espiritual, no sólo lo que se conoce como el «espíritu de aventura»; va más allá. Conozco *a priori* que México llamará a mi corazón una vez que esté lejos de aquí y sin embargo experimento una cierta felicidad sádica hacia mi propio yo al desear alejarme y abandonar tantas cosas que fueron queridas para mí y que se han vuelto parte de mí durante los seis años de mi estancia aquí.

De una cosa sí soy consciente: que hoy veo a México con ojos muy distintos que hace seis años; ahora veo a la gente no en términos de raza, tipos, sino en términos de *clases*. Veo los cambios y los fenómenos sociales no en términos de naturaleza humana o de factores espirituales sino en términos *econó-*

197

micos. Eso supongo que es la maldición y el castigo por haber incurrido en la lectura de *Carlitos* Marx y compañía.

Diego Rivera ya no es miembro del Partido Comunista. No lo hago deliberadamente, sólo que ahora ya no lo puedo ver de otra manera sino como un gran pintor amorfo.

En fin, Anita querida, podría seguir bordando sobre más chismes pero *Idols behind Altars* me está llamando y no puedo resistir la tentación. Así que *hasta la vista*, ¡cuando quiera que sea! Una vez más mi cariño más sentido y muchas gracias!

Tina

A JOSEPH FREEMAN[18]

[México, D. F.]
Noviembre 4, 1929
Querido J.: esta noche aquí tengo a Alice [Bunin], Paca [Toor] y Lou [Bunin];[19] todo mundo recibió cartas tuyas y hoy mismo todo mundo te contestó; así que aquí va mi

[18] Esta carta proviene del Fondo Joseph Freeman, Hoover Institution for War, Revolution, and Peace, Stanford University. Joseph Freeman (1897-1965), teórico literario, narrador, poeta y periodista cultural nacido en Ucrania y criado en el barrio de Brooklyn, en la ciudad de Nueva York. Vino a México en 1929 como enviado de la agencia soviética de noticias TASS. Escribió, con Scott Nearing: *Dollar Diplomacy. A Study in American Imperialism* (1925); y con Joshua Kunitz y Louis Lozowick: *Voices of October. Art and Literature in Soviet Russia* (1930). Con Max Eastman y Mike Gold, fundó *Liberator*, *Masses* y *New Masses*.
[19] Lou Bunin (1904-1994), marionetista. Vivió, en la década de los veinte, el renacimiento del teatro de marionetas en la ciudad de Nueva York. Quien no lo vio en el teatro lo pudo apreciar en el cine, para el que rea-

aportación también. Hemos estado hablando durante horas sobre el «arte» y los «artistas» sin llegar, como es costumbre, a una conclusión satisfactoria. Se trata de un tema tan evasivo y multifacético que mientras más se mete uno en él se vuelve más comprometedor y complicado, lo que indica que es tiempo de cambiar de tema y de hablar de otra cosa.

Ésta, Joe, es la tercera vez que intento escribirte, y en algún lugar de la mesa deben estar los dos comienzos, pero siempre se interpuso algo que echaba por la borda las buenas intenciones, ¿lo lograré esta vez? En este momento ya se fueron Alice, Paca y Lou ¡y el teléfono aún no empieza a sonar! Nada impactante ha ocurrido en «nuestro» mundo desde que tú te fuiste; S. [Enea Sormenti] sigue errante por las calles con cinco *pesos* en la mano... la «dulce cantante» nos sigue regalando con sus dulces melodías, el expintor y actual dirigente sindical sigue dividido entre la poesía sudamericana y su no menos temperamental esposa; el otro día las cosas llegaron a un punto álgido al coincidir cronológicamente, o mejor dicho cuando coincidió «en el tiempo y en el espacio» la intención de pescar al expintor de parte de las dos «damas», a resultas de lo cual se agarraron de la greña, algo nada propio de una dama. Es una lástima que un incidente así no pueda ser nada más divertido y haya que ocultarlo a fin de que no se convierta en pasto para los enemigos.

En un día, o en dos cuando más, te enviaré el retrato mío

---

lizó *Petroleum Pete and His Cousins*, documental dirigido por Joseph Losey para la Feria Mundial de Nueva York de 1939. En 1951 filmó una versión particular de *Alicia en el País de las Maravillas*.

que te prometí y Lou te enviará más fotografías de sus marionetas. Disculpa la demora, también en lo que concierne a tus retratos pero la verdad J. es que he estado tapada de trabajo.

¿Por qué se permite tantas mentiras el *Daily Worker*? Yo creo que cuando uno tiene de su lado la verdad, las mentiras son superfluas y dañinas; me refiero a su información sobre la expulsión de B. El periódico mencionado dijo que él se «negó» a dejar su trabajo en [la Secretaría de] Industria cuando se le pidió; pues bien, no se negó, como tenemos que admitirlo todos, y me duele ver eso impreso; creo que en esos asuntos soy muy escrupulosa.

Sigo con mi plan de partir en enero, aunque los muchachos no se toman muy en serio mi decisión; pero como hoy le dije a S.: «*Ride bene chi ride l'ultimo*». J., lo que sigue no es un pensamiento original pero lo voy a decir no más porque expresa lo que siento en relación con la separación inminente del trío inseparable, I. [Isaak Rosenblum], S., T. [Tina]; la vida se cobra muy cara la poca alegría que te concede. Conozco *a priori* lo mucho que echaré de menos a I. y a S., y cuando pienso que dentro de poco nos dispersaremos por distintos continentes, enfrentándonos a los problemas de la vida y a las tareas más inmediatas, y que tendremos que ser crueles incluso, y especialmente, con uno mismo para evitar desmoronarnos, y que tendremos que desarrollar cierta facultad para poder «hacer a un lado» las cosas del corazón, ¡cómo duele! Pero... no más para que veas que ya desarrollé dicha facultad, aquí he de detenerme, y voy a referirme a otra cosa. He estado pensando que antes de dejar este continente, acaso para siempre, debo ver Nueva York, aunque sólo sea por unos días; así que si mis finanzas me lo permiten, iré vía N.Y., aunque no debes comentar nada de esto a mi hermano pues si descubro que no lo puedo hacer se va a sentir muy mal. El otro día les comentaba a I. y a S. que antes de dejar este continente quisiera viajar por otros países latinoamericanos, y citaré literalmente la frase de S. porque expresa muy bien su opinión. Dijo: «Bueno, eso lo puedes hacer ya; enciérrate un rato en el baño y el resultado será el mismo». ¿Tú podrías ser más irreverente que eso?

Bueno, tengo que parar aquí; pasa de la media noche y además ya te conté muchas tonterías.

¡*Hasta la vista* querido Joe!

[Sin firma]

SOBRE LA FOTOGRAFÍA[20]

Siempre que se emplean las palabras «arte» o «artístico» con relación a mi trabajo fotográfico, recibo una impresión desagradable, debida seguramente al mal uso y abuso que se hace de ellas.

Me considero una fotógrafa y nada más, y si mis fotografías se diferencian de lo generalmente producido en este campo, es que yo precisamente trato de producir no arte, sino fotografías honradas, sin trucos ni manipulaciones, mientras que la mayoría de los fotógrafos aún buscan los

[20] *Mexican Folkways*, octubre-diciembre de 1929.

«efectos artísticos» o la imitación de otros medios de expresión gráfica, de lo cual resulta un producto híbrido que no logra impartir a la obra que producen el rasgo más valioso que debería tener: la calidad fotográfica.

Mucho se ha discutido en estos últimos años si la fotografía puede o no ser una obra de arte comparable con las demás creaciones plásticas. Naturalmente las opiniones varían entre unos que sí aceptan la fotografía como un medio de expresión igual a cualquier otro; y los otros, los miopes, que siguen mirando este siglo XX con ojos del XVIII y por lo tanto son incapaces de aceptar las manifestaciones de nuestra civilización mecánica. Pero para nosotros, los que empleamos la cámara como una herramienta, o como el pintor emplea su pincel, no nos importan las opiniones adversas, tenemos la aprobación de las personas que reconocen el mérito de la fotografía en sus múltiples funciones y la aceptan como el medio más elocuente y directo para fijar o registrar la época presente.

Tampoco importa saber si la fotografía es o no es arte: lo que sí importa es distinguir entre buena y mala fotografía. Y por buena se debe entender aquélla que acepta todas las limitaciones inherentes a la técnica fotográfica y aprovecha todas las posibilidades y características que el medio ofrece; mientras que por mala fotografía se debe entender aquélla que está hecha, se puede decir, con una especie de complejo de inferioridad, no apreciando lo que la fotografía tiene de suyo, de propio, y, en cambio, recurriendo a toda clase de imitaciones dando estas obras la impresión de que el que las hace tiene casi vergüenza de hacer fotografías y trata de esconder todo lo que hay de fotográfico en su obra, sobreponiendo trucos y falsificaciones que sólo pueden agradar a los que tienen un gusto pervertido.

La fotografía, por el hecho mismo de que sólo puede ser producida en el presente y basándose en lo que existe objetivamente frente a la cámara, se impone como el medio más satisfactorio de registrar la vida objetiva en todas sus manifestaciones, de allí su valor documental, y si a esto se añade sensibilidad y comprensión del asunto, y sobre todo una clara orientación del lugar que debe tomar en el campo del desenvolvimiento histórico, creo que el resultado es algo digno de ocupar un puesto en la producción social, a la cual todos debemos contribuir.

A Baltazar Dromundo Cherne[21]

[Mexico, D. F.]

Diciembre 20, 1929

Baltazar: ninguna palabra podría expresar mejor que la expresión de esta cara la tristeza y la pena que siento en no poder dar vida a todas las maravillosas posibilidades que entreveo y que existen ya en germen, y que sólo esperan el «fuego sagrado» que debería proceder de mí pero que al bus-

---

[21] Esta carta, escrita en español y en el margen inferior de una hoja que muestra al centro el perfil más triste que le sacó EW a TM, la reproduce Christiane Barckhausen en su libro *Verdad y leyenda de Tina Modotti*. Baltazar Dromundo Cherne fue alumno de la Facultad de Derecho en las jornadas por la autonomía universitaria, contemporáneo de Julio Antonio Mella y TM, biógrafo de Simón Bolívar y de Emiliano Zapata, autor de libros como *Mi barrio de San Miguel, Mi calle de San*

carlo lo encontré apagado. Si me permites emplear la palabra derrota en este caso, te diré que la derrotada me siento yo por no tener más nada que ofrecer, y por «no tener más fuerzas para la ternura». Y tengo que admitir esto, yo, que siempre he dado tanto de mí, he dado todo de mí con esa exaltación que transforma la dádiva en la más grande voluptuosidad para el que da. He aquí por qué me gustó tanto y repito aquí: «Fraternidad espiritual de hoy y de siempre»!

Tina

A BEATRICE SISKIND[22]

[México, D. F.]
Febrero 17, 1930
Mi querida Beatrice: te escribo desde mi celda en la cárcel en donde estoy desde el día 7. Esta carta va dirigida también a

---

Ildefonso, La metrópoli mexicana. «Contra la voluntad de los callistas», recordó Baltazar Dromundo, «organicé en el vestíbulo de la Biblioteca Nacional una exposición de todas las magníficas fotos hechas por Tina Modotti durante años. Acudió la inteligencia mexicana y principalmente la gente de izquierda. Durante quince días se sostuvo la exposición, patrocinada por la Universidad», en Adys Cupull, *Julio Antonio Mella en los mexicanos.* La exposición fue inaugurada el martes 3 de diciembre de 1929 y el rector de la Universidad Nacional, Ignacio García Téllez, invitó a este acto al Presidente de México, Emilio Portes Gil, quien no pudo asistir (Archivo General de la Nación, fondo *Presidentes*: Emilio Portes Gil, expediente 5/302/217). La exposición se clausuró el sábado 14 del mismo mes de diciembre y en este último acto hablaron Baltazar Dromundo y David Alfaro Siqueiros.

[22] TM dirigió esta carta al número 2 de la Calle 15 Poniente, en la ciudad de Nueva York, pero nunca llegó a manos de Beatrice Siskind. El

mi hermano y a todos los amigos——No estoy segura de que esta carta les llegue a ustedes, pero una buena persona de aquí me prometió ayudarme con esto, así que me arriesgué. Estoy *incomunicada* en el sentido más estricto de la palabra de modo que no sé nada del mundo exterior y menos de los otros camaradas. Por lo mismo ya te imaginarás mi estado de ánimo. Ni siquiera sé si ustedes y los otros en N. Y.[Nueva York] están o no informados de mi encarcelamiento. Las cosas sucedieron así: una vez pasado el atentado contra el nuevo Presidente, la prensa y los círculos gubernamentales empezaron de inmediato a insinuar que los comunistas eran los responsables, los culpables y demás. Esto desde luego lo hicieron para preparar a la opinión pública, y funcionó porque por todos lados ésa fue la opinión que se emitió. Nosotros, como es natural, no nos preocupamos demasiado y esperábamos que en cualquier momento las investigaciones realizadas por las autoridades descubrieran a los verdaderos responsables y despejaran la vil acusación en contra nuestra. El partido preparaba un *manifiesto* en el que explicaba lo absurdo y grotesco de tal hipótesis, cuando, la tarde del 7 de febrero, tres altos jefes del Servicio Secreto de la policía se presentaron en mi casa y me pidieron que los acompañara. Me tuvieron en la Jefatura de Policía hasta el jueves 13 y luego me llevaron a la *Penitenciaría*: la Penitenciaría a donde por lo regular se lleva únicamente a los

---

sobre y las dos hojas escritas a mano, y en inglés, están en el Archivo General de la Nación, *Presidentes*, Grupo Documental Pascual Ortiz Rubio, Exp. Comunistas / Atentado Presidente, no. 1930, fol. 168A.

presos que ya recibieron su sentencia. Repito, estoy estrictamente *incomunicada*, pregunté si podía recibir visitas y comida de fuera pero fue inútil. Ahora no voy a entrar en
detalles sobre las incomodidades físicas—son bastante malas como supondrán, una celda de acero y piedra, un catre
de fierro sin colchón, un excusado apestoso en la celda, sin
luz eléctrica, y la comida, en fin, la comida de costumbre en
las cárceles, supongo. Pero todo esto no es nada comparado
con mi angustia mental al no saber nada de mis camaradas.
Me preocupan en especial los extranjeros, cuyos nombres no
voy a mencionar aunque tal vez ustedes sepan a quiénes me
refiero. Este sufrimiento no me hace mella y estoy preparada
para soportarlo todo el tiempo que sea necesario, pero me
gustaría que sirviera de algo desde el punto de vista de nuestra propaganda. Estoy segura que ni los camaradas ni nadie
saben que yo estoy aquí. Cuando estaba en la Jefatura de
Policía se me permitió hacer una llamada; una querida
muchacha, *neutral*, que consiguió permiso del jefe del
D.F.—A la siguiente ocasión que ella trató de verme, no se
lo permitieron. Ahora es muy posible que quien intente verme en la J.[Jefatura] de Policía le digan que no se me puede
ver por lo que sin duda todos piensen que sigo allá, en donde estaba mucho mejor en lo que hace al confort material.

Hasta ahora estoy bien de salud aunque me siento débil
por la falta de buenos alimentos. Apenas como lo indispensable para mantenerme. Esto no ha dejado de parecerme
una pesadilla y a veces siento que la cabeza me da de vueltas, pero me controlo a base de pura fuerza de voluntad,
cuya capacidad, en mi caso, no conocía.

En fin, mi querida amiga, por favor hazle llegar esta carta a mi hermano y recibe un fuerte abrazo de

Tina

A MARY L. DOHERTY[23]

[México, D. F., sin fecha]

Querida María: me encuentro en la Penitenciaría desde el jueves [13 de febrero de 1930] en la tarde. Aquí es mucho peor, una verdadera celda de hierro y piedra y la comida pues te la puedes imaginar. Creo que se debe hacer algo si no quién sabe cuánto tiempo me dejen aquí. Consúltate por favor con alguien——Tal vez [Miguel Othón de] Mendizábal pero no le digas que yo lo mencioné.[24] Pienso que es necesario ver a un

---

[23] Mary Louise Doherty (1904), nació en Estados Unidos y emigró a México en la década de los veinte en compañía de su hermana, según me contó Ella Wolfe en mayo de 1997, en su casa de Palo Alto, en las inmediaciones de la Universidad de Stanford. Realizó estudios de economía en la Rand School y una vez en México se puso a organizar a las mujeres en sindicatos, así como a impartir clases de inglés en Xochimilco. Katherine Anne Porter se basó en ella para el personaje de «Laura» en *Flowering Judas* (1930). Esta carta, a diferencia de la anterior, sí debió llegar a su destino en la calle de Minerva 42, esquina con Balderas, en la Ciudad de México. Supongo que TM la escribió en inglés, pues el texto que presento —salvo por los corchetes— es copia de la transcripción realizada por la policía mexicana. Aun cuando en la transcripción se pasó por alto la fecha, TM debió escribir esta carta entre el 14 y el 19 de febrero de 1930. AGN, *Presidentes*, Gpo. Doc. Pascual Ortiz Rubio, Exp. Comunistas / Atentado Presidente, no. 1930, fol. 168A.

[24] Miguel Othón de Mendizábal (1890-1945), entonces director del Museo Nacional. Su labor en el campo educativo fue enorme y escri-

abogado. ¿Crees que el Lic. [José María] Lozano quisiera intervenir? [25] Dile que tengo por el momento como 400 pesos, los de mi viaje que estaba juntando, puedo conseguir más. ¿Dile qué puede hacer? Tú sabes que aquí generalmente sólo traen a los que ya han sido sentenciados de modo que esto es un procedimiento arbitrario. No decir a nadie cómo supiste que estoy aquí podrían perjudicar a quien tan amablemente se ofrece a ayudarme y a mí también. Di que lo viste en la calle o cualquier cosa. Como te puedes imaginar está prohibido enviar recados. Gracias de todo y recibe un abrazo de quien sólo por un enorme esfuerzo de voluntad no se vuelve loca.

Tina Modotti

A EDWARD WESTON

Tampico [Tamaulipas]
Febrero 25 [1930]
A bordo del Edam
Mi querido Edward: supongo que ya estarás enterado de todo lo que me ha pasado, que estuve trece días en la cárcel y que luego me deportaron. Y ahora voy rumbo a Europa y hacia

---

bió mucho sobre historia, culturas y problemas indígenas. Sus *Obras completas*, editadas en 1946, ocupan seis volúmenes.

[25] José María Lozano (1878-1933), quien llevó la defensa de Tina Modotti en el caso de la muerte de Julio Antonio Mella. Nemesio García Naranjo, Querido Moheno, Francisco Olaguíbel y Lozano integraban *El Cuadrilátero*, famoso grupo parlamentario al final del gobierno de Porfirio Díaz. Al triunfo de los constitucionalistas, Lozano emigró a La Habana en donde vivió hasta 1921. Querido Moheno y él llevaron la defensa en casos muy sonados contra el Estado revolucionario.

una vida nueva, cuando menos en dirección a una vida diferente a la de México.

Sin duda que también ya conoces el pretexto que usó el gobierno para arrestarme. Nada menos que mi «participación en el reciente intento de asesinato al Presidente electo». Estoy segura de que por más que trates, no me podrás imaginar como «terrorista», como «jefa de una sociedad secreta de lanza bombas» y qué no... Pero si yo me pongo en el lugar del gobierno me doy cuenta de lo hábiles que fueron; ellos sabían que de haber tratado de deportarme en cualquier otro momento las protestas habrían sido muy fuertes, así que esperaron el momento en el cual, psicológicamente hablando, la opinión pública estuviera tan molesta con el disparo, que estaría lista para creer lo que leyera o le contaran.[26] Según la vil prensa amarillista, en mi casa hallaron todo tipo de pruebas, documentos, armas y lo que no; en otras palabras, todo estaba listo para matar a [Pascual] Ortiz Rubio,[27] pero desgraciadamente yo no calculé bien y el otro tipo se me adelantó... Ésta es la historia que se tragó la opinión pública mexicana con el café de la mañana, así que ¿podrías reprocharles sus suspiros de alivio al saber que la

[26] El 5 de febrero de 1930, al dirigirse a la ceremonia de toma de posesión, el presidente electo de México, Pascual Ortiz Rubio, fue víctima de un atentado del que salió con una ligera herida de bala en la oreja proveniente del arma de un tal Daniel Flores.

[27] Pascual Ortiz Rubio (1877-1963), originario de Morelia, Michoacán, realizó estudios en la Escuela Nacional de Ingeniería. Fue diputado y gobernador de su estado natal y Presidente de México, tras las discutidas elecciones de 1929, del 5 de febrero de 1930 al 2 de septiembre de 1932.

feroz y sangrienta Tina Modotti dejaba para siempre las costas mexicanas?

Querido Edward, durante todas las tribulaciones de este último mes, pensé con frecuencia en esa frase de Nietzsche que alguna vez me citaste: «Lo que no me mata, me fortalece»,[28] y así me siento en estos días. Sólo gracias a una gran cantidad de fuerza de voluntad no me volví loca en ciertos momentos, como por ejemplo cuando me pasaron de una prisión a otra y cuando me metieron por primera vez a una celda y escuché el ruido de la puerta de acero y del candado a mis espaldas y me vi en una pequeña celda de acero con una pequeña abertura en el techo con barrotes, demasiado alta para asomarme. Un catre de fierro sin colchón, un baño nauseabundo en la esquina de la celda y yo a la mitad de la celda preguntándome si todo eso no era una pesadilla.

Me sería imposible detallar todas las impresiones y experiencias de las semanas anteriores, espero contártelas verbalmente alguna vez.

Ahora voy rumbo a Alemania. Por favor escríbeme algunas líneas a esta dirección: Chotopatoya [*sic*], Friedrich

---

[28] Esta cita de Friedrich Nietszche, «Lo que no me destruye, me fortalece», se usó posteriormente como una frase común en los centros de adiestramiento de los nazis para las Juventudes de Hitler. Durante la década de los veinte, los miembros de la vanguardia citaban a Nietszche con entusiasmo, como Isadora Duncan, quien usó algunas palabras de Nietszche en la primera página de su autobiografía. La selecta lectura de Nietszche en esa época dio base para el «nuevo paganismo», pero no incorporó los conceptos de autoritarismo que tanto gustaron a sus admiradores posteriores. Ew, al igual que muchos de su generación, leyó a Nietszche. Copió las palabras de Nietszche en su archivo de citas, que en la actualidad conserva el Edward Weston Archive. (N. de Amy Stark.)

Strasse 24-IV, Berlin S.W. 48 Germany.[29] Pero no pongas mi nombre en el sobre exterior; usa dos sobres y pon mi nombre en el de adentro.

Sólo me dieron dos días, después de trece en la cárcel, para arreglar mis cosas; ya te imaginarás cómo dejé todo. Por fortuna todos mis amigos me ayudaron muchísimo; no te puedo decir lo maravilloso que se portaron conmigo.[30]

Todavía estoy en una especie de neblina y un velo de irrealidad permea todo lo que miro; supongo que en unos días volveré a estar normal pero es que las impresiones fueron demasiado brutales y repentinas.

Espero que todos ustedes estén bien; recibe un tierno y cariñoso abrazo de alguien que te quiere mucho.

Tina

A Manuel y Lola Álvarez Bravo[31]

Tampico, [Tamaulipas] Febrero el 25-[1930]
A bordo del Edam
Queridos amigos, Manuel y Sra.: seguramente se sorprenderán de recibir noticias mías desde Tampico, ya que ni leja-

---

[29] Las cartas de EW debían ir dirigidas, según esta indicación de TM, a V. Chattopadhyaya, secretario, junto con Willi Münzenberg, en el Secretariado Internacional de la Liga Antiimperialista y por la Independencia Nacional, cuya dirección era, en efecto, la que escribió TM.

[30] Lola y Manuel Álvarez Bravo fueron a casa de TM cuando ella empacó para irse del país. Ellos la ayudaron y ella les obsequió algunas fotos. Según Lola Álvarez Bravo, Diego Rivera le compró todos sus negativos, ella le compró dos cámaras, la de EW y una Graflex.

[31] Esta carta, escrita originalmente en español, la transcribí de la reproducción fotográfica que aparece en el ensayo de Raquel Tibol, «Aposti-

namente había yo pensado de tener que tocar este puerto; pero como que en todo este viaje la palabra la tiene el gobierno mexicano y no yo, han resultado cosas que sólo a un pobre expulsado pueden suceder. Figúrense nomás que al llegar a Veracruz aprendí que nada menos nuestro viaje iba a durar seis semanas ya que tiene que tocar los siguientes puertos: Tampico-New Orleans-Habana-Dos puertos en España y al fin Francia!

Y todo esto en tercera clase, porque no existe segunda clase y las pocas cabinas de primera están ya todas tomadas; de otro modo, tanto Isaak [Rosenblum] como yo hubiéramos pagado la diferencia, aunque gastáramos nuestro último centavo. El calor aquí es espantoso; además les debo decir que nos es proi prohibido bajar a tierra en ninguno de los puertos y pensar que aquí en Tampico tendremos que estar parados como seis días cargando Dios sabe qué.

Siento mucho que mi carta no puede ser más agradable,

---

llas en torno a Lola Álvarez Bravo», en *Lola Álvarez Bravo. Fotografías selectas 1934-1985*, pp. 60-61. Manuel Álvarez Bravo (1902) realizó estudios de contabilidad y en 1917 giró hacia las letras y las artes. El fotógrafo Hugo Brehme le guió en sus revelaciones con una cámara Century Master 25, adquirida hacia 1924. Contrajo matrimonio con Dolores Martínez Vianda y se instaló en la ciudad de Oaxaca. A su regreso a la capital del país, en 1927, Pablo O'Higgins le presentó con TM, con quien expuso poco después. Dolores Martínez Vianda (1909-1993), mejor conocida como Lola Álvarez Bravo —el nombre que adquirió al casarse con Manuel en 1925 y el cual conservó al separarse de él en la década de los treinta. La obra de Lola la compone una de las galerías más abundantes de retratos notables de artistas, intelectuales, políticos y algunos *radical chics* de la escena mexicana.

pero ustedes me perdonarán y comprenderán mi estado como si pasara en sueño y no en realidad.

Mucho agradecería me mandaran unas líneas a New Orleans llegaremos allá cerca el día 3 de marzo y el barco se quedará unos cuatro o cinco días: Tina Modotti c/o «EDAM» HOLLAND AMERICAN LINE NEW ORLEANS.

Había muchas cosas bellas en Veracruz que en otro estado de ánimo habría aprovechado y puesto en uso mi Graflex, pero en el estado en que me encuentro me fue imposible hacer nada y ni lo intenté.

Bueno, espero que ustedes me escriban algo más agradable de lo que yo les escribo a ustedes, tal vez mi próxima carta tenga mejores noticias.

Por lo pronto reciban un abrazo cariñoso de quien mucho las aprecia y quiere,

Tina

PROCESOS. LA CONTRARREVOLUCIÓN MEXICANA[32]

Para *Amauta*.

Pocos días antes de ser expulsada por el gobierno «revolucionario» de México recibí la interesante colección de *Amauta* más el valioso folleto de Ricardo Martínez de la Torre, que estoy leyendo al presente.

No saben cómo les agradezco la gentil idea de mandarme todo este material interesante que, sobre todo ahora que me voy a Europa, me será de enorme utilidad.

[32] *Amauta*, 29, Lima, febrero-marzo de 1930, pp. 94-95.

Supongo ya estarán enterados de todas las expulsiones de revolucionarios extranjeros que se han efectuado sin interrupción en estos últimos meses, en México; cuyo gobierno contrarrevolucionario ha perdido hasta el último vestigio de pudor en su sometimiento total a Wall Street.

Desde luego hay que reconocer que las autoridades mexicanas gozan de un don de imaginación que haría la fortuna de un escritor de cuentos policíacos; me refiero a todos los complots, planes terroristas, etc., etc., que han inventado para beneficio de los lectores de prensa burguesa, los cuales por cinco o diez centavos, y junto con el café matutino engullen toda clase de disparates y aprenden a confundir a los comunistas con los terroristas y a los antimperialistas con los fabricantes de bombas destinadas a matar presidentes de la América Latina... Por último tuvimos el atentado contra Ortiz Rubio (esto sí de veras).

Mejor oportunidad no podía presentarse para acabar, de una vez por todas, con los comunistas extranjeros que aún quedaban en suelo mexicano. A esto precisamente se debió mi expulsión y el encarcelamiento de muchísimos comunistas mexicanos que en estos días están llenando las cárceles de México.

La acusación de haber yo tomado parte en el atentado contra Ortiz Rubio era demasiado absurda y grotesca y en cualquier otro momento hubiera causado una sonrisa incrédula hasta a los más ingenuos. Pero se aprovechó astutamente de ese estado psicológico sentimental-histérico que siempre invade la opinión pública durante una conmoción de índole y proporción nacional.

Esto hizo posible a *El Universal* (diario de la capital en su edición de febrero 23) de publicar, entre otras, las siguientes líneas: «En la casa de Tina Modotti fueron encontrados documentos y planos, de los cuales se desprendía que dicha mujer trataba de cometer un atentado semejante al de Daniel Flores en la persona del señor Presidente de la República, ing. Pascual Ortiz Rubio; solamente que parece que no pudo adelantarse al citado agresor en la consumación del delito». (¡*Sic*!)

Y ahora me encuentro en camino de Europa entregada, por el gobierno mexicano, a un barco en el cual los pasajeros son accidentales ya que más bien se dedica a llevar carga y que por lo tanto emplea un mes y medio para llegar a Europa, haciendo escala en los siguientes puertos, como lo prueba el presente viaje: Veracruz—Tampico—New Orleans —Habana—Vigo—Coruña—Boulogne-sur-Mer— Rotterdam.

Tengo que añadir que en cada puerto soy estrictamente vigilada por los respectivos agentes de Migración, y en el caso de este puerto norteamericano he sido traída al Departamento de Migración, donde me encuentro relegada por ocho días, o sea hasta que el barco termine de cargar y descargar su mercancía.

Esto, después de haber sido detenida 13 días en la Inspección de Policía y en la Penitenciaría del Distrito Federal de México y de haberme concedido después dos días para preparar mis cosas.

Admitirán conmigo que después de haber vivido siete años en la República Mexicana, y de haber, por medio de mi trabajo fotográfico, expresado mi interés y simpatía para aquel pueblo, se me hubiera por lo menos podido otorgar unos cuantos días más en el país a fin de liquidar satisfactoriamente mis asuntos personales, que en cambio sufrieron serios perjuicios.

Pero esto último es de importancia secundaria; lo grave, lo triste, lo vergonzoso es más bien la capitulación de los políticos mexicanos al imperialismo yanqui de lo cual es una prueba clara la tremenda persecución contra el Partido Comunista de México, y los encarcelamientos y asesinatos de sus más valiosos miembros y la expulsión en masa de todos los emigrados políticos extranjeros que se habían refugiado ahí, llevados por la ilusión de un revolucionarismo del cual sólo existe hoy en día la leyenda!

Quedo de ustedes con saludos antimperialistas y fraternales.

Tina Modotti. New Orleans, marzo 6.

A EDWARD WESTON

[La siguiente carta está escrita sobre hojas de imprenta, grabadas con el nombre de Tina Modotti y su foto de la hoz, la canana y la mazorca, en tinta color verde.]

Nueva Orleans
Marzo 9 [1930]
Oficina de Inmigración de E. U.
Mi querido Edward: antes que nada ¿querrías disculpar y pasar por alto este papel? Fue un regalo que me hicieron pero a mí me parece horrible—lo uso porque ahora no tengo otro.

No me acuerdo ni siquiera cuándo fue la última vez que te escribí, han pasado tantas cosas en estas últimas semanas y también han pasado cosas tan inesperadas—como por ejemplo mi presencia en este lugar—pero ya llegué al punto en el que me dedico a aceptar filosóficamente lo que me llega—Ya sabes el refrán: «Cuando llueve, diluvia». Bueno pues el refrán le queda a mi situación actual. Pensé que después de trece días de cárcel en la Ciudad de México—seguidos de dos días (que fue todo lo que me dieron para arreglar mis cosas) y después que me llevaron a Veracruz y me pusieron en un barco, rumbo a Europa, terminaban mis problemas—pero lo cierto es que no—en primer lugar me enteré que el barco hacía un mes y medio de viaje, cuando se podía hacer en tres semanas—pero como en este barco los pasajeros son ocasionales, y su especialidad es la carga, nos detenemos en todos los puertos: Veracruz—Tampico—Nueva Orleans—Habana—Vigo—Coruña—Boulogne-sur-Mer y al final Rotterdam. Esto no estaría tan mal si yo viajara como pasajero normal, pero en mi condición de deportada por el gobierno mexicano, en todos los puertos me vigilan sin miramientos y no me permiten pisar tierra—excluyendo este puerto en el que las autoridades de Inm. [Inmigración] de E.U. me trajeron aquí, y aquí llevo relegada ocho días, esto es, hasta que el maldito barco acabe de cargar y descargar.

Espero Edward que te hayas echado una buena carcajada al oír que se me acusaba de participar en el intento de asesinato de [Pascual] Ortiz Rubio—«¿quién lo iba a pensar, eh? Una muchacha de tan buena apariencia y que hacía tan hermosas fotos de flores y niños»—Ya me imagino los comentarios de

217

este tipo entre los lectores de la prensa amarillista de México al leer todas las «informaciones» sensacionalistas encabezadas por los grandes titulares en las primeras planas, que me llamaban «*la inquieta agitadora comunista*» «*la célebre fotógrafa y comunista*» y así por el estilo—*El Universal* de la Ciudad de México publicó entre otras cosas lo siguiente: «...en la casa de Tina Modotti, las autoridades hallaron documentos y planes que indican claramente que su intención era cometer un crimen similar al de Daniel Flores en la persona de nuestro Presidente, Ing. [Ingeniero] P[ascual] Ortiz Rubio; y el que no llevara a cabo su cometido sólo se debe al hecho de que Daniel Flores se le adelantó...» (¿Cómo ves?)

La verdad de todo el asunto es ésta: al gobierno mexicano le urgía deportarme pero necesitaba un buen pretexto, así que aprovecharon el intento de asesinato de O. [Ortiz] R. [Rubio] y le sacaron jugo a ese estado psicológico sentimental-histérico del que se llena la opinión pública durante cualquier conmoción pública.

Me pregunto, querido, si no te habré escrito esto antes — a lo mejor sí— Como te decía antes, se me olvidó cuándo fue que te escribí la última vez.

El lugar en el que estoy ahora es una mezcla de prisión y hospital—un cuarto enorme con muchas camas vacías en desorden que me dan la extraña sensación de que encima les pusieron cadáveres—ventanas y puertas con grandes barrotes, la puerta cerrada todo el tiempo. Lo peor de este ocio forzado es no saber qué hacer con el tiempo de uno— Leo—Escribo—Fumo—Me asomo por la ventana que da a un muy propio y cuidado jardín norteamericano con una gran asta en el centro en la que se mece con el viento la bandera de las Barras y las Estrellas—una vista que—de no ser una rebelde irremediable—me recordaría constantemente el imperio de «la ley y el orden» y otros estimulantes pensamientos del mismo tipo.

Los periódicos me han seguido, y a veces me han precedido—con la avidez de los lobos—Aquí en E. [Estados] U. [Unidos] todo se ve desde el ángulo «bonito»—un diario de aquí habló de mi viaje y se refirió a mí como «una mujer de una belleza impresionante»—otros reporteros a los que les negué una entrevista me trataron de convencer diciéndome que sólo hablarían «de lo hermosa que yo era»—a lo cual les contesté que yo no veía relación entre lo «bonito» y el movimiento revolucionario ni con la deportación de comunistas—es evidente que aquí a las mujeres las miden con el patrón de las estrellas de cine.

En fin, querido, aquí debo parar —la campana llama a comer—y la matrona (que padece diabetes, pobre) va a venir por mí de un momento a otro para escoltarme al comedor en donde no me quita los ojos de encima por miedo a que esta «terrible radical» se pueda escapar e infeste el país con su propaganda venenosa.

Tan pronto como tenga dirección te la voy a mandar desde Europa —hasta entonces *au revoir* querido— siempre mi devoción para ti y un abrazo a Brett.

Tiernamente

Tina

A Manuel y Lola Álvarez Bravo[33]

Marzo 12 [1930], entre New Orleans y Habana

Estimados amigos, Manuel y señora: el último día de nuestra estancia en New Orleans, recibí su carta y por ser la primera que recibí de México desde mi salida, y sobre todo por ser de ustedes, la agradecí muchísimo y me causó un enorme gusto.

Como ustedes pueden juzgar, a pesar de estar en este desg... barco desde el día 24 de febrero, hasta ahora es muy poco el camino que hemos hecho. Figúrense que sólo en N[ueva] O[rleans] nos quedamos ocho días parados, cargando y descargando mercancías; cosa que demuestra que en este barco, lo importante, lo principal, es la carga, los pasajeros tienen un segundo lugar en la importancia de esta compañía. Lo peor fue que en NO nos sacaron del barco y nos llevaron al departamento de la Inmigración de los EEUU y ahí estuvimos encerrados durante los ocho días, nuevamente en cárcel. Estábamos indignados, pero hubiera sido fútil protestar, lo más sabio fue desarrollar la facultad ~~de~~ que permite aceptar estas cosas con filosofía y paciencia, en la espera que vendrá nuestro día cuando nos vengaremos...

Encontramos que en todas partes nos precede una reputación, de las más negras; esto quiere decir que el telégrafo ha estado muy ocupado desde México hasta los respectivos puertos que tocamos... hubo algún agente sincero, que después de tratarnos un poco hasta nos confesó que según los infor-

---

[33] Esta carta, escrita originalmente en español, en Raquel Tibol, «Apostillas en torno a Lola Álvarez Bravo», *op. cit.*

mes que habían llegado antes de nuestra llegada, ellos, los agentes, estaban preparados a ponernos las (no estoy segura del nombre en español pero creo que se llaman esposas; ~~es lo~~ que aquella cosa con la cual atan las dos manos de los reos) y después, estos mismos agentes, se sorprendían casi que, a pesar de ser nosotros comunistas, no éramos pues muy distintos de la gente en general, en fin, que éramos gente, más o menos como cualquier otra. Gracias, Manuel, por ocuparse de los desagradables asuntos míos, ya sabe cómo se lo agradezco! Qué dice el lindísimo muchachito, cuyo autor favorito es nada menos: Pushkin![34] Oh, a propósito, *Yama* es un libro interesantísimo, y uno de los mejores que tratan del asunto de ~~capros~~ prostitución. Ya Isaak [Rosenblum] y yo le hemos acabado y ahora está pasando de mano en mano entre todos los pasajeros del barco.

Bueno, los dejo con un cariñoso abrazo y con la promesa de escribirles más, pronto,

Tina

A ANITA BRENNER

Berlín

Abril 3 [1930]

Mi querida Anita: he querido enviarte algunas líneas desde que pisé tierras europeas, pero los primeros días se me fue-

---

[34] Aleksandr Sergueievich Pushkin (1799-1837), prolífico e innovador poeta, narrador y dramaturgo ruso, pasó los primeros años de su juventud en el exilio —de donde surgieron las páginas de obras como *El prisionero del Cáucaso*, *Evgueni Oneguin*, *Boris Godunov* y *Tsygane*. Murió en un duelo.

ron en buscar un lugar en dónde vivir y en otros asuntos impostergables. Al fin ya estoy instalada—instalada no es la palabra adecuada en mi caso pues siento que nunca más volveré a estar instalada como en México para el caso—, pero digamos que estoy temporalmente instalada, en una habitación bastante buena en la que puedo vivir lo módicamente que se espera en un país extraño.

Sigo abrumada por los acontecimientos de los últimos meses y recorro las calles de Berlín como sonámbula. Berlín es un cambio muy brusco para quien viene de un país soleado y de cielos azules; cosas estas cuya existencia empiezo a cuestionar y a preguntarme si no serán también otra *vacilada* mexicana, pues aquí, hasta ahora, no hay signo alguno de ellas.

Me cuesta trabajo creer que esté realmente libre sin un solo *agente de la reservada* siguiendo mis pasos. ¡Cómo te debiste haber reído, igual que todos los que me conocen, al leer sobre esta «terrible terrorista que intentaba asesinar al venerable y gentil Presidente de México»! A todas partes a las que iba y en todos los puertos en los que me detuve fui vista con una mezcla de curiosidad y de miedo; las noticias me habían precedido a todas partes y se tomaron todas las precauciones con tal de que no atentara contra la vida de otros presidentes...

Frances [Toor] me mandó una carta y me remitió varios dólares por una pequeña transacción comercial de hace algún tiempo. No me ha mandado todavía el dinero pues está en espera de que yo le dé en firme una dirección; ahora le voy a escribir para enviársela y permíteme que te dé las gracias por acordarte de mí en estos malos momentos. Aún no sé lo que voy a hacer para ganarme la vida, la posibilidad de hacer retratos parece casi imposible con la competencia de tantos fotógrafos excelentes que hay en Berlín y con tan pavorosos requisitos e impuestos para quienes realizan alguna actividad comercial. Me preguntaba si yo no podría montar algunas relaciones en Nueva York entre editores, etc., enviándoles colaboraciones en forma tanto de fotos como de artículos por poner el caso, y apoyarme en los benditos E. U. para hacerme de un pequeño ingreso. Creo que si Frau Goldschmidt saca unos cien marcos por sus cosas en el *New York Times*, yo podría hacer lo mismo. A propósito de Frau Goldschmidt: anoche estuve en casa de ellos. Necesitaba ver al profesor G. [Goldschmidt][35] y no hubo forma de evitar a su esposa, pero ay Anita, ¡qué horrible es ella! qué pretensiosa y qué burguesa pretensión la de dársela de gran dama. Pobre profesor, siempre el mismo, resignándose filosóficamente al matrimonio como un mal inevitable (pero teniendo a Frau G. como esposa, se puede decir justificadamente que el matrimonio es un mal; estoy segura de que tú estarás de acuerdo conmigo). Recuerdo cuando en México fuimos a Milpa Alta: Frau G. con su ridícula sombrilla y sus zapatos de tacón... Aquí en Berlín es peor pues como es natural se cree en sus dominios. Es ob-

[35] Alfons Goldschmidt, activista político alemán, llegó a México en 1922 por invitación de José Vasconcelos. TM y EW lo conocieron, junto con su esposa, en México a finales de octubre de 1924. La esposa de Alfons, Lina, fue gran admiradora de la obra del novelista estadounidense Theodore Dreiser, murió en 1935 sin llegar a celebrar su adaptación teatral, realizada junto con Erwin Piscator, de *An American Tragedy* —estrenada en la ciudad de Nueva York en marzo de 1936, con Elia Kazan y John Garfield en papeles menores.

vio que se esmera en volver la sala de su casa un *salon* en la acepción francesa de la palabra, pero todo es tan banal y tan forzado, para mí insoportable, aunque yo tal vez tenga toda la culpa por nunca haberme aprendido a comportarme en un *salon*... y cómo hay que conversar y moverse...

En fin, querida, me encantaría que me enviaras algunas líneas y que me dijeras con franqueza lo que piensas sobre mi proyecto de ofrecer mis colaboraciones a E. U. Siento que tú estás en posibilidad de darme datos y consejos valiosos y mucho te lo agradeceré.

También dime si puedo hacer algo por ti aquí, enviándote algo, etc. Tengo ganas de conocer a Georg Grosz, lo que para mí será inolvidable pues admiro muchísimo su obra.

A la siguiente dirección siempre me llegarán las cosas aunque yo salga de Berlín:

CHATTOPADHYAYA
BERLIN S.W. 48
FRIEDRICHSTR. 24 IV
ALEMANIA

PERO POR FAVOR NO PONGAS MI NOMBRE EN EL SOBRE EXTE-
RIOR.

Aquí te envío un gran *abrazo* y el cariño sincero de tu

Tina

A Edward Weston

Berlín

Abril 4 [1930]

Mi querido Edward: ¡al fin en Berlín![36] De hecho ya llevo diez días aquí pero los primeros se me fueron en buscar un cuarto y en otras cosas que tuve que ver de inmediato. Ya conseguí una habitación, muy buena y privada en la que puedo vivir tan económicamente como es de esperarse al estar en un país extranjero. Me servirá por un rato.

No te puedo decir todavía si me voy a quedar o no en Alemania, para eso hay que tomar en cuenta muchas cosas: primero quiero estar en donde yo pueda ser más útil para el movimiento y luego en donde pueda ganarme la vida. La idea del retrato en Berlín me aterra; aquí hay gran cantidad de fotógrafos excelentes, y a tal modo abundan, profesionales y aficionados, y hasta el trabajo medio es excelente; me refiero inclusive al trabajo que ve uno en las ventanas al andar por la calle. Además, para quien está en los negocios hay muchas restricciones e impuestos, impuestos enormes. (Si mi casera, por ejemplo, quiere comprar un huevo tiene que pagar un impuesto, y si después yo le quiero comprar ese huevo, yo le tengo que pagar a ella un impuesto, y así...) Todo esto lo causan los terribles préstamos de guerra que hizo el país; y si este país no se desmorona es sólo gracias a la admirable obstinación teutona y a su amor propio. Pero el esfuerzo se nota en la gente; nunca se ríen, caminan por

---

[36] A TM le negaron el acceso a Rotterdam, pero sus amigos en el Socorro Rojo Internacional le consiguieron un pasaje a Berlín. (N. de Amy Stark.)

las calles muy serios, siempre con prisa y parecen estar conscientes del enorme peso que cargan sobre los hombros.

Pero volviendo a la fotografía, me he estado preguntando si yo no podría hacer un plan por medio del cual obtuviera una especie de ingreso proveniente de los benditos E. U. Tal vez colaborando con periódicos, revistas, etc. Creo que si Frau Goldschmit saca alrededor de cien marcos por los artículos en el *New York Times* yo podría hacer lo mismo. ¿Tú qué crees?

Hablando de Frau G. [Goldschmidt]: anoche me invitaron a su casa. Yo tenía que ver al profesor [Alfons] G[oldschmidt], quien es miembro de la Liga Antiimperialista Internacional, y por tanto no hubo manera de evitar a su esposa, pero ¡ay Edward, qué horrible es ella! Tan farsante y tan burguesa de corazón, con poses de gran dama y de intelectual. Pobre profesor, siempre igual, aceptando con mucha filosofía el matrimonio como un mal inevitable (cuando menos casado con Frau G, se puede decir con justicia que el matrimonio es una calamidad; yo estoy segura de que tú piensas igual que yo, conociendo a la cónyuge en cuestión). Aquí en Berlín ella es todavía peor pues se siente virtualmente en sus dominios. Claro que su propósito es convertir la sala de su casa en un «salón» en el sentido francés de la palabra, pero todo es tan superficial y forzado que de verdad no lo soporto.

¡Pero ay, por otra parte, cómo elogiar lo suficiente a esa encantadora y celestial criatura que es la señora Witte! Desde luego que ellos fueron a los que busqué primero en Berlín. En todas las cartas que me escribió a México me decía que tenía una habitación lista y esperándome y que ella también me esperaba ¡con los brazos abiertos! La quiero tanto, hay tal comprensión en ella y en el señor Witte, y ella emana tal belleza espiritual que ante su presencia sale lo mejor de uno. Claro que no le pude aceptar la invitación y vivir en su casa, pero le tuve que prometer que cuando menos me quedaría a dormir ahí cada vez que los fuera a visitar. Ella no oye razones e insiste en llamar a esa encantadora habitación: «la habitación de Tina».

Ahora te quiero contar algo que les pasó, una tragedia de verdad, y que a ellos les afectó muchísimo. Ni siquiera me lo querían contar y me vine a enterar por accidente. No quieren que tú lo sepas, pero los voy a desobedecer porque quiero que tú por favor los ayudes de algún modo a mitigar su pérdida. Resulta que cuando iban de América a Europa perdieron, entre otras cosas, todas las hermosas fotografías que consiguieron contigo. Nunca se repondrán de semejante pérdida, veo lo triste que están por eso. Les pregunté si tú sabías, y ahí fue cuando me dijeron que ni siquiera querían que tú te enteraras, y parece que no les alcanza para volver a ordenar las fotos, porque de no ser así ya lo habrían hecho. (Viven bien pero frugalmente, eso pude ver, y en la actualidad el profesor no está muy bien de salud.) Ahora bien, querido Edward, también sé que esta noticia te entristecerá mucho, oír que se extravió tu valiosa obra, y sin embargo me dieron ganas de contártelo porque pensé que si por casualidad tuvieras una copia que les pudieras enviar a estas queridas personas, que fuera o no una de las mismas que seleccionaron, eso no importa, aunque claro que a mí me hablaron con un cariño especial de aquella copia. Yo les podría obsequiar una de las muchas que tú amablemente me regalaste y que tú les enviaras otra cosa. Querido Edward, yo sé que esto es mucho pedir, y nunca lo habría hecho si no se tratara de estos queridos y encantadores amigos.

Ahora debo acabar, a mi pesar, porque podría seguir escribiendo durante horas sobre muchas cosas; Berlín es una ciudad muy hermosa, aunque todavía no he visto el sol en los diez días que llevo aquí; y para quien viene de México el cambio es bastante cruel. Pero sé que lo más inteligente es olvidarse del sol por completo, del cielo azul, y de los otros encantos de México y adaptarme a esta realidad nueva, y empezar, otra vez, la vida de nuevo...

¿De casualidad tú conoces a algunos fotógrafos en Berlín? De ser así ¿no me darías por favor una nota para ellos? Claro que sé muy bien que no es buena política buscar a los fotógrafos siendo uno fotógrafo también, pero todo lo que quiero de ellos es un consejo práctico en cuanto a la compra de materiales, y encontrar un lugar para imprimir, etc. De ser posible, no quisiera volverme a meter en el problema de montar un cuarto oscuro, y espero poder trabajar en algún cuarto oscuro. Si yo estuviera en E. U., me metería a la Asociación de Fotógrafos y usaría sus cuartos oscuros; tal vez aquí exista algo similar, ya veré.

Saludos afectuosos a Sonya [Noskowiak],[37] y a los dos muchachos, para tí querido mi devoción de siempre,

Tina

[37] Sonya Noskowiak (1900-1975), conoció a EW en Carmel en abril de 1929. Para abril de 1930 ya vivían juntos. (N. de Amy Stark.)

Saludos a Tilly [Pollak]. ¡Pronto le voy a escribir!

[En el reverso]
La dirección que ya tienes sirve aunque yo no esté en Berlín, sólo hay que corregirla un poco:

CHATTOPADHYAYA
BERLIN S.W. 48
FRIEDRICHSTR. 24 IV Germany

Y por favor no pongas mi nombre en el sobre exterior.

A MANUEL Y LOLA ÁLVAREZ BRAVO[38]

Abril 30, 1930
Mi estimado amigo Manuel y Sra.: calculo que dentro de algunos días recibiré carta de ustedes, pero me está pasando algo tan grave que he decidido escribir sin esperar su carta. Figúrense que al ~~empiezo~~ empezar a ocuparme de mis asuntos fotográficos, encuentro, entre otras dificultades, que el formato de películas, papel y por consecuente de todos los aparatos etc., que se usa en toda la Europa es distinto al que se usa en América. Me he vuelto casi loca en estos días tratando de resolver estos problemas; imagínense que hasta una prensa para mis películas 8 por 10, la he tenido que mandar a hacer especial. El papel lo tienen que pedir a la fábrica, especial, o comprar papel de formato más grande y

[38] Esta carta, escrita originalmente en español, entre los papeles de Lola Álvarez Bravo.

cortarlo yo, cosa que además de ser muy costoso, es una lata.

En cuanto a mi Graflex: o la vendo (cosa casi imposible ya que nadie aquí quiere este formato) o tengo que mandar a pedir película de los EEUU, creo que haré este último ~~si la Eastman Kodak~~ por medio de la Eastman Kodak en ésta, ya que comprar otra cámara, sin la perspectiva de vender esta, no me es posible. Claro que al hacer nuevas amplificaciones desde ahora en adelante me basaré en los formatos de aquí.

Además, a pesar de haber ya buscado mucho, todavía no he encontrado un cuarto obscuro en donde trabajar. Parece increíble que en un país donde la fotografía es tan desarrollada y donde se le da tanta importancia, no haya laboratorios, o asociaciones, o algo por el estilo, donde un recién llegado pueda trabajar. Me dirigí al gerente de la Kodak por primero explicándole mi caso; después a una infinidad de gente en el mundo fotográfico; hasta la fecha sólo tengo cosas en vista, pero de seguro nada. Añadan a esto mi incapacidad para explicarme en alemán, y el medio completamente nuevo y distinto, y comprenderán que si estoy desesperada tengo mis razones.

Sin embargo, voy a insistir y algo solucionaré. Ahora siento muchísimo no haber traído conmigo algunas de las cosas como la prensa 8 por 10, etc. Pero ¿quién iba a pensar esto? De todos modos la prensa ya la están haciendo; pero en cambio vengo a pedirle que si todavía tiene aquellas dos cubetas para revelar películas de mi Graflex y esos ganchos (no sé su nombre exacto pero al final de esta se los dibujaré) tenga la bondad de enviármelos. Aquí todo el mundo aún usa placas de vidrio o Filmpack, nada de película cortada a la cual estamos acostumbrados nosotros. Hay unas cubetas ~~serradas~~ con sus ganchos especiales pero son cerradas y se debe revelar por tiempo del reloj y esto no me gusta, como usted comprenderá. Creo que esas dos cubetas y ganchos que le pido no pagarán ~~mu~~ derechos por ser usadas y en cuanto al gasto de enviarlas, le suplico lo descuente del dinero de A. [Antonieta] Rivas [Mercado], si aún no se cobró, de otro modo yo se lo reembolsaré de aquí.

He llegado a la conclusión que un fotógrafo debe mudarse lo menos posible; preveía algunas dificultades, pero nunca tantas como he encontrado. Y consten que ni les menciono todas, para no aburrirlos, pero repito me he casi vuelto loca en estas semanas.

Le suplico que este bulto me lo remita adonde vivo; toda la demás correspondencia a la dirección que ya tiene. He aquí mi dirección:

> Frau Tina Modotti
> Pension Schulz
> Berlin W.50-Tauentzienstr.5-Germany.

(Es correcto poner Berlín antes del nombre de la calle.)

No les escribo más en ésta por la prisa que tengo de enviarla; pero tan pronto como recibo noticias de ustedes, volveré a escribirles. Mientras tanto espero estén bien y se acuerden de su amiga que tanto los estima y quiere,

Tina

[Dibujo de un gancho.]

[A mano:]

(No todos los ganchos son buenos; por favor sólo escoge los buenos, y si por acaso ya no los tiene, no se preocupe—lo mismo de las dos cubetas.)

A EDWARD WESTON

Berlín

Mayo 23, 1930

Mi querido Edward: ¿me pregunto por qué este silencio de tu parte?[39] ¿Recibiste mi carta del 14 de abril? Parece que no te he escrito desde entonces, aunque no estoy segura, llevo un registro de las cartas que envío y sólo está anotado el 14 de abril; a lo mejor la sensación de que te he escrito más se deba a las muchas veces que he pensado en ti, con todos los problemas fotográficos que aquí he tenido. No sé si te conté la sorpresa que me llevé cuando llegué aquí y descubrí que por toda Europa se usan tamaños muy distintos para películas, papeles, cámaras, etc. Ése fue mi primer problema. En las noches me quedo despierta preguntándome qué hacer: ya sea vender mi Graflex o encargar película de E. U. Decidí hacer esto último porque nadie se interesaría en mi Graflex

[39] Durante esta época, EW estuvo muy ocupado con exposiciones en las galerías de Nueva York y Houston, en un proyecto para la revista *Touring Topics*, y con las visitas que llegaban a Carmel —como Mabel Dodge Luhan y Willard Van Dyke—. Su diario consigna que también pasaba por un intenso periodo de refinamiento de sus ideas sobre «la esencia revelada directamente sin la niebla del impresionismo», *The Daybooks of Edward Weston*, vol. II, p. 154, abril 24, 1930. (N. de Amy Stark.)

por su formato. Es natural que no me pudiera comprar otra cámara a menos que primero vendiera esta. Luego vino el problema de todos mis negativos en 8 x 10. En México lo único que compré fue la Graflex. Me hacía falta un formato 8 x 10 para imprimir y tuve que encargarlo. Para el papel de ese tamaño tuve que hacer un pedido enorme, porque de otra forma la fábrica de aquí no lo hubiera cortado especialmente. Tal vez te sorprenda que aquí casi todos los fotógrafos siguen utilizando las placas de vidrio.[40] Luego sigue el problema de los diferentes patrones de medidas; ya sabes, no son granos, sino gramos. Un lío con tantas complicaciones. Y encima de todo esto, ¡la dificultad del idioma! Te digo que casi me vuelvo loca.

Yo tenía la esperanza de que al llegar aquí me podría poner de acuerdo con otros fotógrafos, o con asociaciones de fotógrafos, a donde yo pudiera ir a hacer mi trabajo; hasta fui a ver al gerente de la Eastman Co., pero no salió nada. Así que tuve que comprar una ampliadora y suficientes «herramientas» para trabajar. Todo esto lo hice de mal humor, porque quería sentir que podía juntar mis cosas e irme cuando se me diera

---

[40] El uso de negativos en placas de vidrio contra la película de negativos en Estados Unidos y Europa dependió del tipo de trabajo del fotógrafo, de su actitud ante los productos nuevos y de la asequibilidad local de la película negativa flexible. Marion Palfi y Andreas Feininger, que trabajaron en Alemania durante la década de los treinta y cuyas colecciones de negativos están en los archivos del Center for Creative Photography (CCP), usaban placas de vidrio y película negativa en los años treinta. EW, Sonya Noskowiak y Louise Dahl-Wolfe, que trabajaron en Estados Unidos durante los treinta y cuyos negativos también están en el CCP, usaban casi exclusivamente película negativa en el mismo periodo. (N. de Amy Stark.)

la gana ——o cuando me obligaran a hacerlo—— ahora de algún modo me siento amarrada al cuarto oscuro. (El cual, por cierto, no está listo todavía, ése ha sido otro gran problema.) Tuve que encontrar una habitación amueblada ——porque me negué rotundamente a invertir también en muebles—— que tuviera otro cuarto pequeño a un lado, *con agua*. Hice énfasis en la parte del agua, porque hay que estar en Berlín para darse cuenta de lo difícil que es hallar cuartos con agua. Por fin ya tengo lo que me hacía falta; claro, la habitación amueblada no sirve para estudio, pero como voy a tratar de irla pasando sin hacer retratos, no me hace falta el estudio.

¡Ay!, querido Edward, ¡cómo quise a lo largo de las semanas anteriores que estuvieras aquí para ayudarme! Me hubiera servido hablar contigo y discutir todos estos asuntos espantosos; sentí que debía retirarme de la fotografía, pero ¿qué otra cosa puedo hacer?

[La segunda página de la carta trae impreso el nombre de TM en la parte alta y debajo le apuntó el siguiente comentario:]
(Parece pretencioso, y a mí no me gusta usar este papel, con letras tan «*estridentistas*»,[41] pero no tengo otro.)

---

[41] Estridentistas fue el nombre de un grupo artístico de vanguardia, integrado por Manuel Maples Arce, Germán List Arzubide, Arqueles Vela, Germán Cueto, Luis Quintanilla, Fermín Revueltas, Jean Charlot, entre otros. Su primer manifiesto, de 1921, les dio identidad suficiente para vivir algunos años. TM y EW conocieron íntimamente a la mayor parte de los estridentistas; más aún, TM retrató a varios.

[Continúa la carta.]

Hasta con la fotografía, todavía no sé qué hacer. Hace un momento te decía que voy a tratar de irla pasando sin hacer retratos; en parte porque prefiero no hacerlo, y en parte porque aquí hay mucha competencia, y los precios son tan bajos que no me siento con el valor suficiente para lanzarme y competir. Me refiero por supuesto a un trabajo retratista de verdadera excelencia; si sólo fuera la basura que hacían en México los fotógrafos que conocemos, ni lo pensaría y nada más me pondría a trabajar, pero este trabajo es en serio excelente y no veo cómo y por qué ellos habrían de hacerse a un lado.

Me ofrecieron que hiciera un «reportaje» o trabajo para la prensa, pero no me siento hecha para ese trabajo. Todavía sigo pensando que es un trabajo para hombres a pesar de que aquí hay muchas mujeres que se dedican a eso; tal vez ellas puedan hacerlo, yo no soy suficientemente agresiva.

Hasta el tipo de fotos de propaganda que empecé a hacer en México ya lo hacen aquí; existe una asociación de «trabajadores-fotógrafos» ——aquí todo el mundo trae cámara—— y los mismos trabajadores hacen esas fotografías y de hecho tienen mejores oportunidades de las que yo podría haber tenido porque toman fotos de su propia vida y de sus propios problemas. Desde luego que sus resultados están muy lejos del patrón que yo me esfuerzo por mantener en la fotografía, pero igual ellos cumplen su cometido.

Yo siento que debe haber algo para mí pero todavía no lo hallo. Y mientras tanto pasan los días y me paso las noches en vela preguntándome una y otra vez hacia dónde ir y por dónde empezar. Comencé a salir con la cámara, pero *na-*

da.[42] Todos me han dicho aquí que la Graflex es muy aparatosa y estorbosa; aquí todos usan cámaras mucho más compactas. Desde luego que me doy cuenta de la ventaja; uno no llama tanto la atención; hasta probé una camarita maravillosa, propiedad de un amigo, pero no me gusta trabajar con ella como trabajo con la Graflex; uno no puede ver la imagen en su tamaño final; a lo mejor me podría acostumbrar, pero como quiera que sea comprar una cámara ahora está descartado porque tuve que invertir en la impresora. Además, una cámara más pequeña sólo sería útil si yo fuera a trabajar en las calles, y no estoy muy segura de lo que haré. Sé que el material que uno se encuentra en las calles es rico y maravilloso, pero mi experiencia es que como estoy acostumbrada a trabajar, planeando con lentitud mi composición, etc., no me sirve para este trabajo. Para cuando ya tengo la composición o la expresión adecuadas, la foto ya se fue. Creo que lo que quiero hacer es lo imposible y que por lo tanto no hago nada. Y sin embargo voy a tener que decidir pronto qué hacer, porque aunque todavía me la pueda «tomar con calma» por un rato, esto no puede seguir siempre. Además, mi estado mental no es muy agradable. Si tan sólo tuviera a quien contarle todos mis problemas, me refiero a alguien que pudiera entenderlos, como tú, Edward.

Me advirtieron que no expusiera sino hasta el otoño,[43] que

[42] Vittorio Vidali, custodio de los derechos de TM en Trieste, afirmó que sólo existen unas diez fotos de su estancia en Berlín. Vittorio Vidali, *Tina Modotti: Photographs,* p. 31. (N. de Amy Stark.)

[43] Lotte Jacobi, fotógrafa en una familia de fotógrafos, prestó a TM su estudio para realizar en Berlín su primera y única exposición. «La auto-

ésa es la mejor época; para entonces ya debo tener algo de Alemania para incluirlo, lo que podría estar muy bien, si empiezo a trabajar de inmediato. De otro modo lo único que voy a tener es «*merda*».

El clima ha estado horrible, frío, un gris miserable; el sol sale a ratos nada más; no se puede contar con él, te podrás imaginar cómo me siento después del clima al que estaba acostumbrada, tanto en California como en México. En fin, no hay nada que hacer más que seguir adelante; a menudo pienso en esa hermosa línea de [Friedrich] Nietszche que me dijiste una vez: «Lo que no me mata, me fortalece». Pero te aseguro que este periodo actual casi me está matando.

A los Witte los veo de vez en cuando. Son amigos maravillosos y su bondad hacia mí es como un rayo de sol. Y eso que todavía no les cuento todos mis problemas porque, como acabo de llegar a estos lugares, soy terriblemente escrupulosa. A cada rato tengo la sensación de que estoy obligada a solucionar mis propios problemas y que no debo molestar mucho a los amigos. Y sin embargo en esta carta no he hecho otra cosa más que contarte todos mis problemas, pero tú estás lejos y sólo tú puedes comprender ciertas cosas; además tú no te debes preocupar por mí; ya me las arreglaré de alguna forma y tal vez para cuando te llegue esta carta yo ya esté más tranquila. Así que, por favor querido, no permitas que esto se inmiscuya en tus propios proble-

---

ra de las nuevas fotografías se llamaba TM, y todos los que vieron esas fotografías nunca olvidaron su nombre, aunque la autora desapareciera en lejanas tierras exóticas», escribió Egon Erwin Kisch.

mas y preocupaciones; pero sí escríbeme, aunque sea una línea, porque tengo hambre de tus palabras.

Si les vas a mandar a los Witte alguna de tus fotografías, pero todavía no lo has hecho, por favor no les menciones lo de las fotografías extraviadas; tengo miedo de que vayan a tomar a mal que yo te lo dijera.

Con mi devoción de siempre,

Tina

¡Y saludos a Brett y Sonya!

A EDWARD WESTON

Berlín
Mayo 28 [1930]
¡Querido «abuelo»!:[44] ¡cómo me he reído con las noticias sobre los adelantos matrimoniales de Chandler! Bueno, que seas abuelo suena peor de lo que en verdad es, porque yo estoy segura de que si hubieras tenido cerca de ti al pequeño duende, estarías jugando con él, o con ella, con la misma encantadora juventud que tienes.

Ayer me llegó tu carta: ¡qué gusto me dio saber de ti! Te escribí otra vez hace unos días pero ahora casi me arrepiento de haberte enviado la carta; estaba tan deprimida y lo suficientemente débil como para guardármelo nada más y te convertí en la víctima de mi debilidad. Por favor discúlpa-

[44] El 26 de marzo de 1930 nació el primer nieto de EW, Edward Frank Weston, hijo de Chandler y Maxine Weston. (N. de Amy Stark.)

me, y por mí no te preocupes; voy a luchar a mi modo y no se ha dicho la última palabra todavía. Y todas estas pruebas van a dar algún fruto, estoy segura; en otras palabras, tengo la confianza suficiente en mí misma y entiendo que no debo cuestionar mi capacidad. Sólo que hay momentos, ¿quién no los tiene?, en los que todo se ve negro —a lo mejor todo es negro y ésos son los momentos de mayor lucidez— pero a lo mejor al día siguiente sale el sol y cantan los pájaros, ¡y el panorama cambia como por arte de magia!

Querido, en cuanto a las fotos de los Witte; yo no dije que tú les tuvieras que reponer las fotografías que perdieron —yo ni siquiera sé cuántas fueron—sino que les enviaras *una*, y claro que no les puedo preguntar cuál quieren, porque nunca me hubieran permitido contarte lo de su pérdida. Son personas muy sensibles y se sienten muy mal por la pérdida y se sentirían aún peor y se preocuparían si tú lo supieras. La idea es nada más que tengan *una foto de Edward Weston*; así que mándales una que no te haga falta. Yo les di a escoger entre las numerosas cabezas exquisitas que me hiciste. No querían y para convencerlos les tuve que enseñar el negativo—el de las manos en la barbilla—y sólo entonces me la aceptaron porque yo la podía volver a imprimir para mí. Cuando les envíes la foto, sólo diles que querías que ellos la tuvieran y no digas nada de la pérdida ¡por favor!

Me gustaría poder ver el trabajo de Sonya [Noskowiak],[45]

[45] Ew escribió en su diario sobre la obra de Noskowiak con extraña admiración: «Sonya tengo que poner aquí su primera obra, casi su primera obra: un negativo de las manos de Neil, el respaldo de una silla y una col por la mitad. Cualquiera de estas tres yo las firmaría como

Frances [Toor] me escribió muy bien de Sonya y parece como si yo ya la conociera. ¿Creerá que estoy completamente loca? ¡Por favor dale un gran saludo de mi parte y dile que le mando todo mi cariño!

Me interesaba tu decisión sobre el papel brillante.[46] Sí, ¡ya me imagino a los «pictorialistas» alzando los brazos horrorizados ante esta nueva «ignominia» del terrible iconoclasta de Edward Weston! ¿Te importaría decirme qué papel usas ahora? ¿Es de Estados Unidos o de fuera?

En este momento estoy retrasada en todo lo que empecé a hacer: ¡esta maldita luz después de la de México! Y sin embargo yo ya lo sabía; para el futuro ya lo sabré mejor.

Un gran *abrazote* para ti, Sonya y los muchachos de

Tina

A ANITA BRENNER

Berlín

Junio 11 [1930]

Mi querida «Doctora» (puedes desquitarte de inmediato llamándome «bolchevique» o algo por el estilo...): caray, Anita, cómo te puedo decir de una vez por todas cómo te

---

mía. Y no la puedo elogiar mejor. ¡Ella es una sorpresa!», *The Daybooks of Edward Weston*, vol. II, p. 141, febrero 17, 1930. En 1932, Noskowiak expuso nueve fotos en la muestra del f/64 en el De Young Museum. (N. de Amy Stark.)

[46] Por esta época, EW apuntó sus ideas sobre el papel brillante en su diario: «Hace tiempo pensé imprimir mi obra —obra no hecha para el público— en papel brillante. Esto fue hace algunos años en México: pero la costumbre es tan fuerte que no fue sino hasta el mes pasado que em-

agradezco tu carta y las valiosas sugerencias y consejos para probar suerte con las publicaciones de E. U. Claro que de inmediato les escribiré a esos amigos tuyos, los Sherrill, para arreglar todo con ellos.

He visto ya una buena parte de Berlín desde mi última carta, y aunque todavía no he usado mucho mi cámara, por otra parte he estado almacenando un buen número de observaciones e impresiones que espero darán fruto más adelante. La mayoría de la gente aquí cree que ahora yo debería estar trabajando más pues veo todo con ojos de extranjero, pero no estoy de acuerdo, pienso que al principio uno ve únicamente los aspectos más superficiales; no tenemos que ir muy lejos por un ejemplo sino recordar únicamente las fotografías que solían realizar los extranjeros en México: indios envueltos en sarapes y con los sombreros más grandes posibles, *chinas poblanas* y *charros*, y demás... Lo que aquí me interesa mucho es la nueva arquitectura; maravillosa en realidad, y sobre todo el uso astuto e inteligente del vidrio, tanto por su utilidad como por sus posibilidades decorativas. Y admiro en serio a la nueva mujer alemana, tan decidida y

---

pecé a hacer copias de mi colección con papel brillante... espero que mi próxima muestra sea en papel brillante. ¡Qué escándalo va a provocar! —de los "Pictorialistas de Salón". No es más que un paso lógico, este de imprimir sobre papel brillante, en mi deseo por la belleza fotográfica... Ahora todas las reacciones en todos los planos deben venir directamente del vistazo original de la cosa, no de una emoción de segunda proveniente de las superficies exquisitas del papel o del color: sólo el ritmo, la forma y el detalle perfecto a considerar. La honestidad embellecida...», *The Daybooks of Edward Weston*, vol. II, p. 147, marzo 15, 1930. (N. de Amy Stark.)

vigorosa, trabajando duro y orgullosa de hacerlo; de vez en cuando junto a una de estas fuertes y orgullosas muchachas alemanas que veo por todos lados me ubico mentalmente como una *señorita* mexicana y siento náuseas.

¿Será posible que nos juntemos en Berlín? Claro que pretendo quedarme aquí por un rato y sólo espero que ustedes dos lunamieleros no cambien su plan y por cierto, Anita, creo que después de tu *Idols behind Altars* y tu examen de doctorado te mereces todos los modelos concebibles «de camisones en seda de color de rosa»! Mis felicitaciones paganas para ambos y *¡hasta la vista!*

Tina

Aquí tienes la dirección en la que vivo, para que cuando vengan a Berlín por favor me busquen en la habitación que aquí tengo, la cual por cierto es la habitación más atroz que he tenido: imaginen un papel tapiz cubierto de espantosas flores rojizas y follaje color verde, hecho presumiblemente para darle al inquilino la sensación de que él o ella se encuentran en un jardín en flor; pero en un rincón, como vigilante perpetuo, y hasta el techo, hay una enorme estufa blanca que lastima la vista; pero he aprendido a obviar mis melindres respecto al gusto y puedo, cuando estoy de vena, dar rienda suelta a mi buen humor y reírme de cuanto me rodea. Como sea, no tengo para mudarme, mucho menos ahora que improvisé un cuarto oscuro en un cuarto de junto. FRAU T. RICHEY; Pensión Schulz; Berlín W. 50, Tauentzienstr. 5. Aquí en la casa me conocen por ese nombre, e incluso me puedes escribir bajo ese nombre a esta dirección.

A Manuel y Lola Álvarez Bravo[47]

Berlín

Julio 14 [1930]

Estimados Manuel y Sra.: no saben con qué gran gusto al fin leí su carta Manuel del día 9 de junio. Digo, con gusto, porque después de tantos meses de no saber nada de ustedes estaba algo preocupada por saber a qué se debía esto. Pero veo que ~~almeno~~ por lo menos están bien y que no me han olvidado.

En cuanto al asunto del dinero lo que ahora más me apena es la gran molestia que esto ha causado a ustedes, digo ustedes, porque usted Manuel me dice que hasta su señora se ha ocupado de este asunto y ~~cearn~~ crean que se lo agradezco con todo mi corazón. Nunca en mi vida hubiera imaginado que iba a ser tan pesado y desagradable, créanme que en este caso no ~~los~~ hubiera ni propuesto dar a ustedes esa molestia; pero ¿quién iba a saber? Es cierto que yo misma había ya encontrado muchas dificultades pero me habían asegurado que ya todo se estaba arreglando y que sólo faltaba cobrarlo. En cambio... bueno, estoy disgustada con Antonieta [Rivas Mercado], y creo con ustedes que todo ha sido una pura comedia para no pagar.[48] No sé aún lo que

[47] Esta carta, escrita originalmente en español, en Raquel Tibol, «Apostillas en torno a Lola Álvarez Bravo», *op. cit.*

[48] Antonieta Rivas Mercado (1900-1931), hija del arquitecto y funcionario porfírico Antonio Rivas Mercado. Personaje de cierta importancia en la escena cultural y política de la década de los veinte, no sólo por su vocación de mecenas; amó al pintor Manuel Rodríguez Lozano y al inefable José Vasconcelos.

voy a hacer, necesito pensarlo un poco, desde luego no voy a ~~dejar~~ dar a estos señores la satisfacción de que nos tomen el pelo, ¿no les parece? Sólo que necesito pensar en cuál será la mejor forma de obrar. Yo creo Manuel que usted no debe ni ocuparse más, bastante tiempo ha perdido y bastantes enojos y molestias así que deje todo y yo veré qué hago. Ahora que me cuenta que Antonieta está de nuevo en México (la importante «emigrada política» está descansando después de su pesado destierro, supongo) la cosa va a ser más fácil y aunque no logre a cobrar el dinero, por lo menos quiero tener la satisfacción de divulgar su forma de obrar hacia otra——no tan eminente emigrada política. Pero antes voy a hacer un último intento y dirigirme a ella directamente, si este último intento fracasa, quiere decir que tengo derecho a vengarme. Puede ser que a ella poco le importe que se sepa su poco escrúpulo en estas cuestiones, pero por lo menos habrá cierto número de personas que después cambiarán un poco la opinión que de ella tienen.

Gracias, Manuel, por todo el interés y consejos que me da en lo relativo a la fotografía. Tengo que decirle que al fin puedo conseguir aquí películas de mi formato; la casa Perota me las corta especialmente. En cuanto al papel, pues hago lo siguiente: el trabajo nuevo que haré ~~aq' de ahor~~ aquí (digo haré, porque hasta la fecha no he hecho casi nada y lo poco que he empezado a hacer no vale gran cosa) pero en fin espero siempre empezar a trabajar en serio y ~~dije~~ para esto me limitaré al formato que aquí se usa, en hacer las amplificaciones, y que es 18 x 24 centímetros; un poco más chico que el 8 por 10 pulgadas. En cuanto a las pocas copias que tenga que hacer de vez en cuando de las negativas viejas, ya tengo papel Agfa 8 por 10 pulgadas que se me dijo (tal vez para cobrarme más) que tuvieron que cortarlo expresamente para mí. Y les dije que me constaba porque yo misma lo usaba en M. [México] que Agfa manda al exterior papel de este formato, pero, ¿qué quieren?, cuando uno no domina suficientemente el idioma, hay que acostumbrarse a dejarse tomar el pelo a veces.

Gracias por la cubeta y colgadores que me va a mandar o me ha mandado. No deje de descontar el gasto de envío de los pocos centavos que tiene de la luz.

Le voy a decir también que ya no amplifico mis negativos sino que hago las amplificaciones directamente. Creo ya les dije que me tuve que comprar una amplificadora que da buenos resultados. Es marca «Ideal».

He salido unos días de Berlín, estuve al sur de Alemania, en Bavaria, lugar bellísimo y adonde los campesinos usan aún hoy magníficos trajes regionales. Pero me pasó una desgracia en lo relativo a la fotografía—parece que una fatalidad me persigue desde que dejé México en todo lo que se refiere a la fotografía. Resulta que acababa de ordenar películas de mi formato las cuales llegaron exactamente el día de mi salida. La prisa era tan grande que sin mirarlas, las puse en mi valis pero cuando en Bavaria, quería preparar los chasis, me di cuenta que se habían equivocado y me las habían enviado demasiado chicas. ¿Qué les parece? Y el día después, debía tener lugar una gran fiesta de los campesinos de toda la región. La fiesta tuvo lugar y fue magnífica, pero yo no pude hacer nada. Las películas eran a tal grado chicas

245

que no quedaban fijas en sus respectivas cositas de metal que usted Manuel conoce. Una calamidad y más bien una verdadera tragedia para mí. ¿Qué podía hacer? ~~Está~~ Estaba entre los montes de Bavaria, ~~tubí que~~ imposible conseguir nada, ya no quise ni quedarme más tiempo en ese lugar y regresé después de dos días. Pasé por Munchen donde es la casa Perutz que fui a ver personalmente; pero parece que el error no fue de ellos sino de la agencia en Berlín por medio de la cual ordené las p. [películas]. Naturalmente me las cambiaron pero ya la bella oportunidad se había ido ya que esa fiesta sólo ocurre una vez al año. ¿No es una fatalidad? Hice también una etapa en Nuremberg, una bellísima ciudad, completamente gótica, les mando una tarjeta, ya tenía las películas justas pero aquí pasó otra cosa, o sea llovió desde el momento que bajé del tren hasta el momento que me fui. Así que regresé a Berlín en un estado de ~~anomo~~ ánimo poco alegre. Me hubiera quedado algunos dias en Nuremberg si el tiempo se hubiese mejorado, pero me dijeron que éste es el tiempo de las lluvias allí y que sin duda llovería por mucho tiempo. Ya conocen esa clase de lluvia delicada, silenciosa, y insistente, más bien exasperante, era inútil esperar.

Bueno, basta de cosas feas, reciban un gran cariñoso abrazo [a mano:] de quien los estima y quiere

Tina

[Al pie de la carta]
Se me olvidaba decirle que desde ahora en lo adelante me escriba directamente adonde vivo: Frau T. Richéy, Berlin

W50; Pension Schulz; ~~Tauentsientsr~~ Tauentzienstr. 5. Germany

También por favor en su próxima me diga exactamente cuánto es lo que me debe Antonieta [Rivas Mercado]; se me olvidó.

Sobre las olas

María [Tina] está ocupada con el Socorro Rojo Internacional y yo no me olvido por un momento de ayudar y orientar al Socorro Rojo Internacional en España.

CARLOS CONTRERAS a HELENA STASSOVA, vicepresidenta del Comité Ejecutivo del SRI, Madrid, abril 16, 1937.

Tina se encuentra bien. Ahora está un poco enferma pero va a descansar durante tres días. Después de la guerra vamos a descansar y entonces nos volveremos a ver.

CARLOS CONTRERAS a HELENA STASSOVA, Valencia, junio 23, 1937.

1931-1938: Tener y no tener
Helena Stassova dicta. Ella es y vive en un reino en el que las voces de unos cuantos miles de oficinistas se transforman en órdenes para todo mundo. Así, las manos de la Stassova nunca rozan el papel y habla a su secretario, quien apunta para un tal Krayevsky el 10 de marzo de 1935:

Solicito informe a la Sección de Relaciones Internacionales del Comité Ejecutivo de la Internacional Comunista si no tiene inconveniente para enviar al

249

representante del Comité Ejecutivo del Socorro Rojo Internacional, camarada [Carlos] Contreras, a trabajar a España.

En virtud de que el camarada Contreras debe partir de inmediato le pido apresure su respuesta.

Unos meses después, el 7 de diciembre, Stassova dicta la siguiente nota, con carácter estrictamente confidencial y urgente, dirigida al jefe de la Sección de Cuadros del Comité Ejecutivo de la Internacional Comunista, el mismo Krayevsky:

Le pido me informe de inmediato su opinión sobre la posibilidad de enviar al camarada [Carlos] Contreras en calidad de instructor del Comité Ejecutivo del Socorro Rojo Internacional a España, el cual llegó a comienzos de noviembre de este año procedente de allá —ya que en vistas de los fracasos en España necesitamos enviarlo inmediatamente para allá mismo.

Al mismo tiempo quiero que me dé su opinión sobre la posibilidad de enviar a nuestra representación en París a su esposa, la camarada Tina Modotti. La camarada Modotti trabajó ahí de noviembre de 1933 a noviembre de 1934.

Años tenía la italiana de trabajar por la causa. El asunto se remontaba al mes de julio de 1930, cuando empezó a trabajar para la Organización Internacional de Ayuda a los Revolucionarios, mejor conocida como Soco-

rro Rojo Internacional, de cuyos departamentos para Italia, Portugal, España y los países de América Latina se hizo cargo a final del año —según el plan de trabajo que le diseñó Carlos Contreras, es decir, Vittorio Vidali—. En semanas que fueron como lustros Tina Modotti se acomodó a la ciudad de Moscú, espejo de su propia suerte. Pues mientras las autoridades del imperio destruían el templo que recordaba el triunfo sobre las huestes de Napoleón para levantar en su lugar el palacio de los Soviets, además de rediseñar la traza de la capital en torno de este templo secular, la italiana se despojaba de viejos y hasta entrañables lazos, postergaba los desvelos de la fotografía, hacía menos sus historias, se amoldaba a la nueva, sombría situación de su persona, tan impregnada de futuro como de incertidumbre. De vez en cuando algo le recordaba México, como cierta visita al departamento de S. M. Eisenstein, una conversación, el saludo de algún conocido. De vez en cuando también algo le recordaría su estancamiento. Vivía entre papeles, memoranda, instrucciones, informes confidenciales, empresas de agitación y propaganda, denuncias, ruido de máquinas de escribir y timbres de teléfono. Viajó a Berlín y París antes de buscar el sentido de su vida en la guerra civil española.

A EDWARD WESTON

[En la parte superior de esta carta, con letra de Edward Weston, «La última carta que me envió Tina».]

Moscú

Enero 12, 1931

Mi querido Edward: he estado viviendo en un remolino constante desde que llegué aquí en octubre, tanto así que ni siquiera me puedo acordar si te escribí o no desde mi llegada. Pero como quiera que haya sido, hoy me llegó el anuncio de tu exposición[1] (apenas unos tres meses después por un descuido de la persona que me envía mi correspondencia en Berlín) ¡y no puedo esperar un día más para enviarte mis *saludos* con el mismo sentimiento de siempre!

Nunca he tenido menos tiempo para mí que ahora; esto tiene sus ventajas pero también tiene sus bemoles, el principal es la falta de tiempo para dedicártelo a ti, por ejemplo, ¡aunque nada más fueran unas cuantas palabras a toda velocidad! Habría mucho que escribir sobre la vida aquí, pero *no hay tiempo* —vivo una vida completamente distinta, tanto así que me siento una persona distinta, pero muy interesante.

Edward, al escribir lo anterior se me ocurrió la idea, te juro que nunca antes lo había pensado: ¿Sabes de alguien que quisiera comprar mi Graflex, muy barata? Aquí la po-

---

[1] Las fotografías de EW se exhibieron en Delphic Studios Gallery en la ciudad de Nueva York, del 15 al 31 de octubre de 1930. (N. de Amy Stark.)

dría vender muy fácilmente pero la imposibilidad de conseguir este tamaño de película lo vuelve imposible. No tengo que decirte que está como nueva y que si tú hallaras al comprador yo vería la forma de enviártela, la gente va y viene todos los días. Tiene un lente Tessar 4/5-2 rollos, tal vez se le podrían sacar unos cien dólares, y hasta menos de ser necesario. La quiero vender para comprar una Leica.

Disculpa la interrupción: Lo que quería decirte es que me gustó muchísimo la breve introducción[2] al catálogo de la exposición. ¡Tan distinta e inteligente!

¡Así que al fin Nueva York disfrutó tu obra! ¿Me pregunto si tienes planes de quedarte indefinidamente en Carmel? Querido Edward, si alguna vez estás de humor para escribirme,[3] la dirección en Berlín sirve todavía, sólo que lo que escribas que sea breve, por muchas razones.

---

[2] El pequeño catálogo para la muestra en Delphic Studios traía una introducción de Laurence Bass Becking, profesor de biología en la Universidad de Stanford. Sus palabras comentaban la revelación y la exploración de las formas naturales por el fotógrafo: «La ciencia natural, como un imparcial estudiante de la forma, sólo puede maravillarse ante el redescubrimiento de los perfiles y las estructuras fundamentales que realiza el artista. Weston ha descrito los "esqueletos" materiales de nuestra tierra... La realidad conforma su sueño».

Ew conoció al Dr. Becking en mayo de 1930. En su diario describió la visita de Becking y añadió: «Un día de estos vamos a recorrer juntos toda Punta de Lobos, ¡usando los ojos de ambos!... Muy pocas veces he obtenido una respuesta tan comprensiva, y él reaccionó *como científico*», *The Daybooks of Edward Weston*, vol. II, p. 163, mayo 22, 1930. (N. de Amy Stark.)

[3] Se ignora si EW le volvió a escribir a TM. En su diario la menciona brevemente entre 1931 y 1944. (N. de Amy Stark.)

¿Cómo están los muchachos? ¿Y Sonya? Saludos para todos

Tina

[En el reverso]
(Tengo que suplicarte que divulgues lo menos posible mi presencia aquí. Podría causarme problemas en el futuro. ¡Gracias!)

A MANUEL ÁLVAREZ BRAVO[4]

[Moscú]
Marzo 25, 1931
Estimado Manuel: he tomado la libertad de sugerir su nombre a la *Press Cliché* como porque estoy segura que es usted el mejor indicado para lo que ellos necesitan: o sea alguien que les envíe fotografías de actualidad de México. Dejo que ellos traten las condiciones, etc., pero sólo quiero insistir que la importancia de esta casa es muy grande ya que aquí sí hay enorme interés para las cosas de México y espero usted tendrá el tiempo y querrá ocuparse de coleccionar y enviar dichas fotos.

Agradecería mucho tener noticias suyas ya que hace mu-

---

[4] En el curso de su investigación sobre el fotógrafo Manuel Álvarez Bravo, José Antonio Rodríguez recuperó esta carta, en español, dirigida a MAB. Tanto esta carta como la siguiente las publicó Rodríguez bajo el título «Adiós a la fotografía. Dos cartas de Tina Modotti», en *Comala*, suplemento cultural de *El Financiero*, no. 9, México, abril 18, 1993. Rodríguez reprodujo estas cartas en la revista del Sistema Nacional de Fototecas del INAH, *Alquimia* 3, mayo-agosto de 1998, pp. 39-40.

chos meses no las tengo. Me puede escribir a la dirección de Berlín que ya tiene.

Afectuosos saludos a usted y su señora.

Tina Modotti

A MANUEL ÁLVAREZ BRAVO

[Moscú]

Julio 9, 1931

Estimado Manuel: mucho le agradezco su carta de mayo 12. Habían pasado muchos meses sin que tuviera noticias directas de México ni siquiera pues ya no me escribe ——no entiendo el porqué—— tanto más que yo he seguido haciéndolo.

Lo que me comunica de A.R.M. [Antonieta Rivas Mercado] no me sorprendió mucho, porque veo en ella el prototipo de la clase parasitaria (y por lo tanto decadente) y de la mujer que a fuerza de inquietudes espirituales (por falta de inquietudes materiales) se volvió tan complicada hasta llegar a lo patológico. Y esto último es precisamente el resultado de una clase en decadencia.[5]

Claro que hay mucha tragedia en esto, pero no menos de la que hay en los que se suicidan por hambre ——y hasta los periódicos burgueses del pasado invierno nos decían que los suicidios por hambre, sobre todo en los U.S.A., habían llegado a ser un fenómeno colectivo. Lástima que por lo menos Antonieta no pensó de dejar mi dinero precisamente a esos

[5] Antonieta Rivas Mercado se suicidó el 11 de febrero de 1931 en la iglesia de Notre-Dame, en París.

que se suicidan por hambre en vez que a otro parásito como es el hermano.[6]

Sobre a aquella deuda, yo Manuel le agradezco mucho sus esfuerzos pero lo mejor es no ocuparse más de este asunto. Francamente, desde que estoy aquí, casi lo había olvidado.

Oiga, ¿sabe si Pablo [O'Higgins] regresó a México?[7] Si lo ve, dígale por favor que yo le he escrito a la dirección de [Jean] Charlot.

Pasando a asuntos de fotografía, ¿sabe usted que no he hecho nada desde que estoy aquí? Y todo esto por falta absoluta de tiempo. Todos mis amigos están furiosos conmigo pero yo les digo que no es posible hacer dos cosas, sobre todo cuando las dos son tan importantes. Además ya no quiero ni tengo ganas de usar más la Graflex. Quiero una Leica. Por lo tanto he aprovechado de una oportunidad de un amigo que se iba a U.S.A. y se llevó mi Graflex para vendérmela allá: aquí no se ~~puede~~ pudo por el formato. Tan pronto se venda la Graflex compro una Leica y tal vez entonces me será más fácil hacer algo. De todos modos me sorprendió ~~ha~~ a mí misma la indiferencia con la cual vi alejarse mi pobre ~~com~~ y fiel compañera de trabajo.[8]

Vi en los periódicos de México algunas reproducciones de

[6] Mario Rivas Mercado (1904-1971), el único varón del matrimonio de Antonio Rivas Mercado y Matilde Castellanos Haaf.

[7] Pablo O'Higgins (1904-1983), viajó de San Francisco a México en la década de los veinte y trabajó para Diego Rivera. Unos años después, trabajó en los murales del mercado Abelardo Rodríguez, en la Ciudad de México.

[8] TM compró su Leica, según testimonio de Angelo Masutti, quien llegó a Moscú en 1932. Este Masutti, hijo de Costante, originario de Prata di

fotos de [Agustín] Jiménez y yo también pensé en lo que usted llama «árbol genealógico».[9] Me causó mucho gusto oír que usted sigue usando la cámara.

[Sobre el margen]
Bueno, ahora debo cerrar, siempre tengo prisa y aquí hay que seguir el ritmo bolchevique. Cariñosos saludos a su señora y a usted un cordial *hand shake* de su amiga T.

A ASSUNTA MODOTTI[10]

Noviembre, 1936
Queridísima mamá: estoy desde hace varias semanas lejos de P. [París] y sin duda ésta es la razón por la cual no recibo tus cartas. ¡Imagínate mamá que apenas hace dos sema-

---

Pordenone, se refugió junto con su familia de la persecución fascista en la capital de la Unión Soviética; Angelo se empleó como redactor en el Socorro Rojo Internacional y frecuentó el Instituto Estatal de Cinematografía. Vittorio Vidali era amigo de Costante, de suerte que TM fue varias veces a casa de los Masutti y en una ocasión ella le entregó su Leica, en calidad de préstamo, al joven Angelo, quien la usó hasta la primavera de 1936, poco antes de la salida de TM de la URSS. Para mayores datos véase la entrevista de Silvano Castano a Angelo Masutti, «Mosca 1932: Tina e Angelo. La storia dell'incontro tra Tina Modotti e Angelo Masutti, 17 anni, fuoriuscito pordenonese, allievo del grande Ejzenstejn», en *Cinemazero. Bimestrale de cinema e cultura*, Pordenone, Italia, diciembre 1992, pp. 22-25.
[9] Agustín Jiménez (1901-1974), entonces un joven fotógrafo mexicano, claro admirador de la obra realizada en México por EW y TM, expuso junto con Aurora Eugenia Latapí en la Galería Excélsior a finales de 1931. En la década de los treinta se inició como fotógrafo de cine.
[10] Esta carta y la siguiente aparecieron originalmente en el apéndice del libro de Vittorio Vidali, *Retrato de mujer. Una vida con Tina Modotti*,

nas recibí tu carta del 9 de julio! Pasó por muchas manos antes de llegar a las mías y todo esto, te lo repito, por haberme ausentado de P.

Al mismo tiempo, también recibí dos postales que me enviaste desde la hermosa Trieste. Espero que tarde o temprano recibiré las cartas posteriores al mes de julio, cartas que estoy segura me escribiste. Hacia finales de septiembre te mandé dinero y espero, querida mamá, que lo hayas recibido. Mandé para dos meses, y en próximos días te enviaré nuevamente por otros dos. Me tienes que disculpar si no te puedo enviar regularmente, como lo hacía en el pasado, pero diversas razones me lo impiden.

Lo siento mucho, querida mamá, porque sé que sería deseable enviar el dinero regularmente todos los meses, sin embargo no siempre se puede hacer lo que uno quisiera, por tanto, paciencia, ¿no es cierto, mamá?

Estoy muy bien, y como siempre pienso mucho, mucho, en mi querida mamacita, deseando de todo corazón que tu salud sea y se conserve bien, no obstante que ya haya comenzado el invierno. Saludos y besos de tu *putella*[11] que quiere mucho a su mamacita.

---

traducido por Antonella Fagetti para la Universidad Autónoma de Puebla (1984). En esa edición se advirtió lo siguiente: «Las copias de las cartas de Tina Modotti a su familia se encontraron en su expediente del archivo del Ministerio del Interior. Las cartas fueron escritas en España pero enviadas de París. La primera está dirigida a la madre, señora Assunta Modotti, Guadiella Scoglietto 210, Trieste, y lleva el sello: París, 30/11/1939. La segunda está dirigida a su hermana Mercedes, la misma dirección, y sello postal: París, 13/1/1937.»

[11] *Putella*, en el dialecto de Friuli: muchacha. (N. de Amy Stark.)

Saludos y besos también a Mercedes, que espero esté bien.

Mi amiga, como siempre, os saluda mucho. ¡Adiós, mamacita!

A MERCEDES MODOTTI

Diciembre, 1936

Queridísima hermana: tu carta, donde me anunciabas la muerte de nuestra amada madre, me llegó sólo hace una semana. Tus cartas anteriores, donde me hablabas de su caída, enfermedad, etc., no las he recibido. No obstante, yo te agradezco profundamente por la forma llena de sensibilidad con la que me has comunicado la noticia, pues gracias a esto pude soportar la terrible noticia sin dejarme aplastar demasiado por ella. A pesar de eso no tuve la fuerza de contestarte inmediatamente.

Mi único deseo en estos días ha sido poder estar cerca de todas mis hermanas y hermanos, porque su cercanía, tu cercanía sobre todo, hubiera llenado un poco el gran y horrible vacío que nuestra bendita madre ha dejado con su partida.

Tengo que hacer un esfuerzo enorme conmigo misma, mientras te escribo, para no dejarme por vencer por las lágrimas; quiero, tengo que ser fuerte. Yo sé que en otras circunstancias hubiera podido ver nuevamente a mi madre en estos últimos diez años.

Esta idea suscita en mí un rencor, precisamente contra las circunstancias que hicieron imposible volver a ver a mi madre en todos estos últimos años.

Y la idea que quizá más me hace sufrir es que esta separación, esta imposibilidad de nuestra pobre mamá para volver a ver, durante tantos años, a sus hijos lejanos, haya entristecido los últimos años de su vida, ella que ya había sufrido mucho y tenía tanto derecho de pasar los últimos años rodeada de la presencia de todos sus hijos.

Piensa, Mercedes, en mi situación: tres meses durante los cuales no sospechaba nada, durante los cuales seguía escribiendo a nuestra querida mamacita (no sé si las cartas le llegarían), mientras ella nos había dejado para siempre, nuestra madre que ya no estaba. Te ruego, querida Mercedes, que me des algunos detalles más acerca de la causa de su muerte.

Te ruego le agradezcas de mi parte a Dante y a todos los que en esta triste circunstancia han demostrado su interés por nuestra pérdida irremediable, la más dolorosa que nuestro corazón de hijas podía sufrir.

Te ruego, querida Mercedes, que le notifiques el contenido de esta carta a Gioconda, José, Ben, Beppo. No tengo la posibilidad de escribir a todos ellos.

Estoy absorta en una actividad que toma todos mis minutos, todas mis horas. En otra ocasión te hablaré de esto.

A mi hermana y a mis hermanos diles que, para mí, el recuerdo de nuestra santa madre es como un vínculo que nos mantiene espiritualmente unidos, no obstante la distancia que nos separa.

Gracias, Mercedes, por tu carta y sobre todo por los cuidados que tuviste hacia nuestra querida desaparecida.

Tu hermana

Escríbeme si recibiste y cobraste el giro de 1000 liras que envié el mes pasado.

A HELENA STASSOVA[12]

[Barcelona,
Enero 5, 1938]
Querida amiga: Carlos [Contreras] olvidó mencionar el retrato que enviaste a través de la delegación. Él y yo te agradecemos profundamente tu amable pensamiento. Sólo una cosa nos podría haber causado mayor placer, y es que te tuviéramos aquí. Cuántas veces decimos: «¡Qué agradable sería si H.S. [Helena Stassova] viniera de visita!» Sabemos que en este momento tú no puedes venir, pero no perdemos la esperanza de que vendrás algún día. En las oficinas de nuestra organización tenemos un gran retrato tuyo y el espíritu de solidaridad del cual tú has sido un factor tan decisivo reina y está presente en todo nuestro trabajo y en los cuarteles de nuestra y de tu organización. Así que comprenderás que tú, a fin de cuentas, estás cerca de nosotros. Te envío un abrazo afectuoso.

Tina

---

[12] TM escribió estas líneas en los márgenes de una carta de Vittorio Vidali, entonces popular y conocido como Carlos Contreras, a Helena Stassova, vicepresidenta del Comité Ejecutivo del Socorro Rojo Internacional, sito en Moscú. TM escribió esta carta en inglés, la cual se encuentra en la foja 15 del Expediente 111, Serie 1, Fondo 356, Serie 1, Centro Ruso de Conservación y Estudio de los Documentos de Historia Contemporánea.

Bibliografía

AGOSTINIS, Valentina, *Tina Modotti: Gli anni luminosi*, Cinemazero / Edizioni Biblioteca dell'Immagine, Pordenone, 1992.

ALBERS, Patricia, *Shadows, Fire, Snow. The Life of Tina Modotti*, Clarkson Potter 1999.

ALBIÑANA, Salvador y Horacio Fernández, *Mexicana. Fotografía moderna en México, 1923-1940*, 29 de enero-17 de mayo de 1998, IVAM Centre Julio González, Generalitat Valenciana, 1998.

ALFARO SIQUEIROS, David, *Me llamaban el Coronelazo*, Grijalbo, México, 1977.

ÁLVAREZ BRAVO, Lola, *Lola Álvarez Bravo. Recuento fotográfico*, Colección de Arte-Fotografía, Editorial Penélope, México, 1982.

ÁLVAREZ BRAVO, Lola, *Lola Álvarez Bravo. Fotografías selectas 1934-1985*, Centro Cultural Arte Contemporáneo, México, 1992.

AMESHINA, Tatiana y Serguei Balan, *Novy Vzgliad. 1929. Fotografii Tini Modotti,* Malyi Manezh, del 5 al 15 de julio de 1999, Moscú.

BARCKHAUSEN- CANALE, Christiane, *Verdad y leyenda de Tina Modotti*, Ediciones Casa de las Américas, Cuba, 1989.

————, *Tina Modotti*, Editorial Txalaparta, Navarra, 1998.

BARTH, Maline, *Tina Modotti & Edward Weston. Mexican Years*, 13 de mayo - 17 de julio de 1999, Throckmorton Fine Art, Nueva York.

BLANCO, José Joaquín, *et al.*, *Cuidado con el corazón. Los usos amorosos en el México moderno*, Colección Divulgación, Instituto Nacional de Antropología e Historia, México, 1995.

Bradu, Fabienne, *Damas de corazón*, Fondo de Cultura Económica, México, 1994.

Brenner, Anita, *Ídolos detrás de los altares*, traducción Susana Glusker, Domés, México, 1983.

Britton, John A., Carleton Beals, *A Radical Journalist in Latin America*, The University of New Mexico Press, 1987.

Cardoza y Aragón, Luis, *Orozco*, Fondo de Cultura Económica, México, 1983, Colección Breviarios 364.

_____, *El río. Novelas de caballería*, Fondo de Cultura Económica, México, 1986.

Castillo Nájera, Oralva, *Renato Leduc y sus amigos*, Domés, México, 1987.

Cimet Shijet, Esther, *El movimiento muralista mexicano. Una nueva forma de organización de la producción artística*, tesis de licenciatura, Universidad Iberoamericana, México, 1979.

Conger, Amy, *Edward Weston in Mexico, 1923-1926*, University of New Mexico Press, 1983.

Craven, David, *Diego Rivera as Epic Modernist*, Simon & Schuster, Nueva York, 1997.

Cupull, Adys, *Julio Antonio Mella en los mexicanos*, El Caballito, México, 1983.

Charlot, Jean, *El renacimiento del muralismo mexicano, 1920-1925*, traducción de Ma. Cristina Torquilho Cavalcanti, revisada por Susana Glusker, Jorge Lobillo y Eugenio Méndez, Domés, México, 1985.

Debroise, Olivier, *Fuga mexicana. Un recorrido por la fotografía en México*, Colección Cultura Contemporánea de México, CNCA, México, 1994.

Ellero, Gianfranco, *Tina Modotti in Carinzia e in Friuli*, Cinemazero, Pordenone, 1996.

Espejo, Beatriz, *Julio Torri, voyerista desencantado*, Universidad Nacional Autónoma de México, México, 1986.

GALL, Olivia, *Trotsky en México*, Ediciones ERA, México, 1992.

GARCIA NARANJO, Nemesio, *Memorias: Dos bohemios en París*, T. IV, Talleres de El Porvenir, Monterrey, s/f.

GIVNER, Joan, *Katherine Anne Porter. A Life*, Simon & Schuster, Nueva York, 1982.

GLUSKER, Susannah, *Anita Brenner. A Mind of Her Own*, University of Texas Press, Texas, 1998.

GÓMEZ ARIAS, Alejandro, *Memoria personal de un país*, en colaboración con Víctor Díaz Arciniega, Colección Testimonios, Grijalbo, México, 1990.

GOMEZ ROBELO, Ricardo, *Sátiros y amores*, prólogo de Fernando Tola de Habich, Colección Los Libros del Bicho, Premiá, México, 1984.

_____, y Carlos Díaz Dufoo, Jr., *Obras*, edición de Serge Saïtzeff, Colección Letras Mexicanas, Fondo de Cultura Económica, México, 1981.

GONZÁLEZ CRUZ MANJARREZ, Maricela, *Tina Modotti y el muralismo mexicano*, Colecciones del Archivo Fotográfico, Instituto de Investigaciones Estéticas, Universidad Nacional Autónoma de México, 1999, 163 pp.

GOROSTIZA, José, *Epistolario (1918-1940)*, edición de Guillermo Sheridan, Colección Memorias Mexicanas, CNCA, 1995.

HEAD, Millstein y Sarah M. Lowe, *Consuelo Kanaga. An American Photographer*, The Brooklyn Museum / University of Washington Press, Seattle 1992.

HILL, Paul y Thomas Cooper, *Dialogue with Photography*, Farrar, Straus, Giroux, Nueva York, 1979.

HIMMELFARB, Gertrude, *Matrimonio y moral en la época victoriana y otros ensayos*, traducción de Eva Rodríguez Halfter, Editorial Debate, Madrid, 1991.

HOOKS, Margaret, *Tina Modotti. Photographer and Revolutionary*, Pandora, Londres, 1993.

KAHLO, Frida y Tina Modotti, *Frida Kahlo y Tina Modotti*, junio-agosto de 1983, Museo Nacional de Arte / Whitechapel Art Gallery, Instituto Nacional de Bellas Artes, SEP, México, 1983.

KOCH, Stephen, *El fin de la inocencia. Willi Münsenberg y la seducción de los intelectuales*, traducción de Marcelo Covián, Colección Andanzas, Tusquets Editores, Barcelona, 1997.

KOPRIVITZA, Milena y Blanca Garduño, *México en la obra de Jean Charlot*, 12 de abril - 19 de junio de 1994, Colegio de San Ildefonso, Instituto Nacional de Bellas Artes, México, 1994.

KRAUZE, Enrique, *Caras de la historia*, Joaquín Mortiz, México, 1983.

LIZT ARZUBIDE, Germán, *El movimiento estridentista*, Colección Lecturas Mexicanas 76, SEP, México, 1985.

LORENZ, Richard, *Imogen Cunningham. Ideas without End*, Colección A Life in Photographs, Chronicle Books, California, 1993.

LOWE, Sarah, *Tina Modotti: Photographs*, 1994, Museum of Art of Philadelphia, Filadelfia.

MADDOW, Ben, *Edward Weston. Seventy Photographs*, Aperture, Nueva York, 1978.

MADDOW, Ben, *Edward Weston. His Life*, con nueva introducción, Aperture, Nueva York, 1984.

MAGDALENO, Mauricio, *Escritores extranjeros en la Revolución*, Instituto de Estudios Históricos de la Revolución Mexicana, Secretaría de Gobernación, México, 1979.

MANRIQUE, Jorge Alberto y Teresa del Conde, *Una mujer en el arte mexicano. Memorias de Inés Amor*, Universidad Nacional Autónoma de México, México, 1987.

MAPLES ARCE, Manuel, *Soberana juventud*, Editorial Plenitud, Madrid, 1967.

MODOTTI, Tina, *Tina Modotti*, Libreria Fotogaleria Railowsky. València / A. C. Ongarri. Elgoibar (Guipuzkoa) / Mestizo A.C. Murcia / Biblioteca de la Universidad de Amberes (Bélgica) / Espai Fotogràfic Can Basté. Barcelona / Instituto de México. Madrid, 1997.

————, *Tina Modotti*, introducción de Margaret Hooks, *Aperture*

Masters of Photography, Aperture / Könemann, Nueva York / Colonia, 1999.

MULLIGAN, Therese, *Modotti y Weston. Mexicanidad*, noviembre 1998-enero 1999, Fundación Pedro Barrié de la Maza, A Coruña, febrero-marzo 1999, Casa de América, Madrid.

NERUDA, Pablo, *Confieso que he vivido. Memorias*, Colección de Obras de Pablo Neruda, Seix Barral, México, 1989.

NIETO SOTELO, Jesús, Elisa Lozano Álvarez, *Tina Modotti: una nueva mirada, 1929*, Centro de la Imagen-Universidad Autónoma del Estado de Morelos, 2000.

NOVO, Salvador, *Viajes y ensayos*, 2 vols., Colección Letras Mexicanas, Fondo de Cultura Económica, México, 1997 y 1999.

OROZCO, José Clemente, *El artista en Nueva York. (Cartas a Jean Charlot y textos inéditos, 1925-1929)*, prólogo y notas de Luis Cardoza y Aragón, apéndices de Jean Charlot, Siglo XXI, México, 1971.

OROZCO, José Clemente, *José Clemente Orozco*, introducción de Alma Reed, Delphic Studios, Nueva York, 1932; reimpresión facsimilar de Hacker Art Books, Nueva York, 1985.

————, *Cartas a Margarita*, presentación, selección y notas de Tatiana Herrero Orozco, Ediciones ERA, México, 1987.

PAZ, Octavio, *México en la obra de.... Los privilegios de la vista*, t. III, edición de Octavio Paz, Colección Letras Mexicanas, Fondo de Cultura Económica, México, 1987.

PORTER, Katherine Anne, *The Collected Essays and Occasional Writings*, Houghton Mifflin / Seymour Lawrence, Boston, 1970.

————, *Letters of...*, seleccionadas y editadas por Isabel Bayley, The Atlantic Monthly Press, Nueva York, 1990.

QUINTANILLA, Luis, *Obra poética*, recopilación e introducción de Lourdes Quintanilla Obregón, Domés, México, 1986.

REED, Alma, *Orozco*, traducción de Jesús Amaya Topete, Fondo de Cultura Económica, 2ª edición, México, 1983.

267

REYES, Alfonso, *Obras completas, Pasado inmediato*, Fondo de Cultura Económica, México, 1960.

_____, *Diario: 1911-1930*, Universidad de Guanajuato, Guanajuato, 1969.

RICHÉY, Roubaix de l'Abrie, *The Book of Robo. Being a Collection of Verses and Prose Writtings by...*, introducción de John Cowper Powys, Los Angeles, 1923.

RIVAS MERCADO, Antonieta, *Cartas a Manuel Rodríguez Lozano (1927-1930)*, edición y prólogo de Isaac Rojas Rosillo, SepSetentas 206, SEP, México, 1975.

_____, *Obras completas de...*, edición de Luis Mario Schneider, Editorial Oasis, México, 1981.

RIVERA MARÍN, Guadalupe, *Un río, dos riveras. Vida de Diego Rivera, 1886-1929*, Colección Memorias, Alianza Editorial Mexicana, 1989.

_____, *Diego el rojo*, Nueva Imagen, México, 1997.

RODRÍGUEZ, José Antonio y Blanca Garduño, *Edward Weston: La mirada de la ruptura*, septiembre-noviembre 1994, Instituto Nacional de Bellas Artes / Museo Estudio Diego Rivera / Centro de la Imagen, CNCA, México, 1994.

SCHNEIDER, Luis Mario, *El estridentismo. México 1921-1929*, Colección Monografías de Arte 11, Universidad Nacional Autónoma de México, México, 1985.

STARK, Amy, *The Letters of Tina Modotti to Edward Weston, The Archive*, Research Series 22, enero de 1986, Centre for Creative Photography, Universidad de Arizona, Nuevo México, 1986.

STIEGLITZ, Alfred, *Camera Work. The Complete Illustrations 1903-1917*, edición de Simone Philippi y Ute Kieseyer, Taschen, Colonia, 1997.

TIBOL, Raquel, *Episodios fotográficos*, Libros de *Proceso*, México, 1989.

TOFFOLETTI, Ricardo, *Tina Modotti. Perché non muore il fuoco*, Edizioni Arti Grafiche Friulane, Udine, 1992.

TORRES BODET, Jaime, *Obras escogidas*, Colección Letras Mexicanas, Fondo de Cultura Económica, 2ª edición, México, 1983.

TORRI, Julio, *Tres libros*, Colección Letras Mexicanas, Fondo de Cultura Económica, México, 1964.

TROTSKY, León, *Escritos. 1939-1940*, 2 vols. t. XI, Pluma, México, 1976.

VIDALI, Vittorio, *Tina Modotti: Photographs*, Belmark Book, Westbury, Nueva York, 1982.

_____, *Retrato de mujer*, Universidad Autónoma de Puebla, Puebla, 1984.

WHELAN, Richard, *Alfred Stieglitz. A Biography*, Little, Brown, Nueva York, 1995.

WESTON, Edward, *The Daybooks of Edward Weston*, 2 vols., edición de Nancy Newhall, Aperture, Nueva York, 1973.

_____, *Edward Weston Nudes*, Aperture, Nueva York, 1977.

WOLFE, Bertram D., *Portrait of Mexico*, Nueva York, 1937.

_____, *A Life in Two Centuries*, Stein & Day, Nueva York, 1981.

_____, *La fabulosa vida de Diego Rivera*, traducción de Mario Bracamonte, Diana / SEP, 2ª impresión, México, 1986.

ZURIÁN, Tomás y Blanca Garduño, *Nahui Olín. Una mujer de los tiempos modernos*, Museo Estudio Diego Rivera, Instituto Nacional de Bellas Artes, CNCA, México, 1992.

Índice onomástico

273

274

Post-scriptum

La misma historia que puso a Tina Modotti a bordo del Edam rumbo a la Europa de organizaciones políticas como el Socorro Rojo Internacional y la Internacional Sindical Roja —esto es, rumbo a un mundo que se creía en construcción y del cual hoy sólo sobreviven muchos de sus criminales errores— fue también la historia que unos años después la devolvió subrepticiamente a la zona de sus primeras andanzas fotográficas: México.

Concluidas sus tareas en el frente republicano de la guerra civil española e instalada de manera irrevocable en un medio no sólo proporcionalmente pequeño sino además bastante crédulo —una Nueva España literalmente—, curtido en recelos, noticias de conspiraciones, miedo y odios como el de los combatientes derrotados en España, Modotti deambuló por la ciudad capital del gobierno de Lázaro Cárdenas bajo el clichka de María hasta que la muerte la alcanzó la noche del 22 de enero de 1942. A diferencia de su anterior estancia en la Ciudad de México, ésta apenas sumó unos cuantos meses a lo largo de los cuales ella, que empezaba a deslizarse hacia los cincuenta años, tuvo varios motivos para apegarse en silencio y con disciplina a su nueva identidad pública. Uno de estos motivos, tal vez el menos relevante, seguro tiene que ver con el hecho de que si bien el exilio español en masa le permitió reingresar a México, lo cierto es que su deportación en 1930 más bien se lo impedía. Habría sido muy difícil reconocerla, siempre y cuando a alguno de los que conocían a la Tina de antes le hubiera interesado encontrarla en la seca expresión de María. Al menos por lo que dejan ver ciertas fotografías cándidas de los años finales de la década de los treinta, en Modotti cada vez iba quedando menos de la muchacha de quince años antes que aparece en la memorabilia de los paseos y días de campo con los Sala, Teixidor y compañía. Otro de los motivos que explican su apego al nombre y a la condición con los que vistió su identidad como María, acaso tenga que ver con la inmediata perspectiva de vida que el exilio mexicano le abría al hombre con el que ella estaba, el Comandante Carlos —señalado por Lev Trotsky como uno de los responsables del atentado contra su vida. Verdadero animal político, Vittorio Vidali resultó más fuerte que las intrigas de los comunistas mexicanos en connivencia con agentes soviéticos —como Alfred Stirner, por ejemplo—, eludió la impredecible ira de Stalin y los peligros de una situación bélica como la que conoció en España, las estratégicas ejecuciones de la NKVD *y una parte importante de la Guerra Fría. Sobrevivió incluso a la propia Modotti, sobre la que mucho tiempo después probaría su memoria. Y lo que es más, al confirmarse las ejecuciones a la car-*

ta de Stalin por el mundo entero, la sobrevivencia de Vidali no sólo resulta más notable, sino que además explica que la repentina muerte de la camarada María adquiriera en la imaginación histórica de muchos de los suyos las dimensiones de una eliminación calculada.

Como haya sido, la vida de Modotti en Alemania, Rusia y España a lo largo de la década de los treinta rodea con densas sombras la agenda de fugacidades que componen los trabajos de cualquier existencia, pero no sólo los últimos días de ella en la Ciudad de México, los cuales acabaron en el taxi que en vano se dirigía al hospital en busca de los primeros auxilios que al parecer demandó súbitamente el frágil corazón de María, sino también los días de vino y rosas de la década de los veinte. Tal vez sea evitable, no obstante la magra pedacería documental que sobrevive de los últimos diez años de su vida, o hasta el rastro de sangre en el interior de la agrupación política en cuya construcción ella participó decididamente, la versión mexicana del Partido Comunista. Aunque quizá también las sombras sobre Modotti no provengan exclusivamente de lo que en efecto sabe sino más bien de todo cuanto aún ignora —sobre ella y su tiempo— el presunto juicio de la historia sobre los monstruos engendrados por el totalitarismo.

A. S.
Diciembre, 2001.

Una mujer sin país.
Las cartas a Edward Weston
y otros papeles personales
se terminó de imprimir en
diciembre de 2001 en los talleres de
Cía. Impresora y Editora ANGEMA, S. A. de C. V.
La edición consta de 2 000 ejemplares
más sobrantes para reposición.